尺上の森羅万象を解く

渋谷直人

The Japanese Dry Fly Fishing

つり人社

尺上の森羅万象を解く

CONTENTS

イラスト　長岡　学・廣田雅之

ドライフライの釣りの追求

僕の釣りはライトタックルを使った、ドライフライフィッシング・オンリーである。早朝もイブニングもやらない。これは自分の嗜好であり、他の人に押し付けるつもりはまったくない。

僕にとって、フライフィッシングで最高に楽しいと思える要素は3つある。

1つは水面のドライフライにライズする瞬間だ。最初に味わった時から忘れられないほど衝撃的だったし、いくら体験しても飽きることはない。禁漁時期や禁漁区間、釣りザオを持っていない時でも、ライズを見続けていたい気になる。これはフライフィッシャーの性かもしれない。

2つめは、フローティングラインでのキャスティング。思いどおりのループを作り、フライラインをリボン遊びのように操っていくことは、本当に気持ちがよい。これも飽きることがなく、微妙な調整で結果的にループが変わることだけでも面白い。

キャスティングの基本を学び、これを続けるためには、やはり渓流で使われるライトタックルを振ってみることは重要だと思う。そして僕自身も作っているが、天然素材を使った竹ザオはとても使い勝手がよい。竹の適度な反発力が、キャスティングの心地よさを増してくれる。

そして最後に、やはり釣りの対象となるヤマメやアマゴ、イワナの素晴らしさがある。かなりの大ものでも水面に出てフライをくわえてくれるのだから、面白くないわけがない。外国産のトラウト類は、大きく育つとフィッシュイーターになるケースもあって、そのような魚はドライフライでねらうのが難しくなる。その点、渓流のヤマメ、アマゴ、イワナは、盛期になれば水面で昆虫類を捕食していることが多い。そう、日本の渓流というのは、ドライフライ・フィッシングにとても適しているのだ。

この釣りをやるのなら、最終的に目標とするターゲットを、尺を超えるヤマメやアマゴ、イワナに設定しよう。それを手にするために、さまざまな手段があったとしても、僕は自分自身が納得できるかたちで追求したい。そのように限定していくと、目標達成は結構難しいように感じるかもしれない。だが、実はそうでもないのだ。

これまで30回にわたって月刊『FlyFisher』に連載してきた「成功と失敗の分岐点」を読んでいただいている方は分かると思うが、シーズンをとおして、また全国において尺上は釣れる。つまり僕が東北で培ってきた釣り方は、どこでも応用が可能なのだ。地域的な偏りはあるものの、それは小さなことであり、それよりも共通する部分が多いのだと思う。

もちろん、いつでもどこでも同じ手法では通じないのが釣りだ。その細かいすり合わせや、あるいは状況に応じて適切な釣り場を選択することなどが、釣り人の技量だと思う。

少なくともこの連載で、尺上が釣れた（……あるいは失敗した）という検証結果が、ほぼ3シーズン分は残っている。まったく同じ状況にはならなくとも、役に立つことはいろいろ散りばめられているはずだ。

勝手な思い込みかもしれないが、フライフィッシングは万能ではない。シチュエーションによってではあるが、他の釣り方（エサ釣りやルアー釣りなど）より釣れない可能性もある。

フライフィッシングの大きなメリットの1つは、やはり軽いフライを扱えることだろう。水面へ興味を持った魚に対しては、軽量で虫そのもののようなフライ

を使うことは、断然優位になる。日本にもテンカラ釣りがあるが、リールがあることによるラインの融通性を考えると、フライフィッシングは効率のよい釣法だと思う。ただし、キャスティングなどの技術は必要になるのだが……。

エサに代わるフライは、場合によっては数百種も持ち運べる。距離の融通も利くし、ティペット（ハリス）の太さやハリの大きさなど、バリエーションはとても豊富だ。フライフィッシングをやっている以上、やはりドライフライの釣りは、一度はやってみるべきだと思う。

ただし、釣果以外の部分に面白さを見出せるのも、フライフィッシングの奥深さである。尺上を釣ることに固執している僕のほうが、もしかしたら少数派なのかもしれない。そんな変人の思い込みをつらつらと書いてしまったが、それでも渓流でドライフライ・フィッシングを楽しんでいる人は、フライフィッシャーの7割以上を占めているのではないかと、勝手に推察している。

そういった方々に、そして今後この釣りを始めようとしている方のために、この本は書かれている。少しでも、皆さんの釣りの引き出しが増えて、目指す魚が釣れるようになったら幸いである。

渋谷 直人

フライにこだわる

答えに辿り着くために、
時には執拗なまでに１つのことを追求してみる。
秋田の７月の渓で、釣友・嶋崎了さんはそれを実践した。

「フライ頂戴！」とさんざん言われ、ようやく決心がついた末に譲ったのがこれ。今シーズンの本流で多く流れていると思われた、黒虫と総称される陸生昆虫を模したものだった。しっかりとコシがあるハックルのダイドブラックをパラシュートハックルに使い、ピーコックハールを大胆に巻いたボリューム感のあるボディーに仕立てているのが最大のミソ

納得のいく釣りのために

２０１３シーズンの後半、地元のホームリバーは尺ヤマメに沸いた。けれども、広い流れをドライフライでねらうスタイルに限れば、多数の知り合いの中でも、実際に尺を手にできたのは自分のほかに3人にとどまった。

これは今シーズン、週末を前に大雨が降るケースが多く、いわゆるサンデーアングラーに難しい条件だったことが大きかったと思う。逆に、昨シーズンは週末によいタイミングが来ることが多く、平日の釣りは振るわなかった。

今年の川は常に増水気味だったことも、ドライフライの釣りを厳しくした。エサ釣りやルアーでは連日良型がヒットしたり、ビギナーがいきなり尺上を釣りあげたり、聞く限りでは36㎝の大型も出たりしていたのだが、こちらはじっと我慢。

それでも7月下旬、川に濁りが入らないようになってくると、ようやくドライフライにヤマメが反応してくるようになった。ただ、夏に入ってからの本流の釣り上がりというのは、実際は気力と体力もひときわ必要になる。いくら好調といっても、とびきりの1尾の裏には、何回もの「釣れない釣りが」が付きものだ。一日頑張っても釣れる保証はどこにもない。けれども、釣れれば間違いなく魚はいい。しだいに増えてくる知人からの問い合わせには、偽りなくそんな状況を伝えていた。

そんな中、真っ先に秋田へやって来たのが釣友の嶋崎了さんだった。最初に一緒に川に入ったのはお盆頃。尺は顔を出さず、僕だけが3～4尾の9寸オーバーを釣ったように記憶している。「何が違うの?」と、しきりに聞いてくる嶋崎さん。「フライじゃないの?」「じゃあ、フライ頂戴!」「ダメ!」そんなやり取りがあった。

僕はフライに関しては相当にケチだ。シーズン中は、タイイングの時間があるなら川に行くことを優先するため、当たりフライの数がそもそも少ない。しかも、今シーズンは特にマテリアルを厳選して、1枚のケープから20本くらいしか取れないハックルを使用したパターンを繰り返し使っていたため、フライボックスに入っている弾（たま）数がそもそも限られていた。

大げさに聞こえるかもしれないが、いざというとき、信頼できるフライが手もとにないことは致命傷になりかねない。とはいえ、とりあえず使っているフライそのものはすぐに見せた。

ただ、これはいつも感心させられるのだが、僕は他人の使っているフライを見せてもらったり、それが気になったりしても、「ください」とは素直に言えないところがある。また、フックの形状やバランスが自分の思っているものと少しでも違っていると、どんなに実績のあるものでも、それだけで抵抗感がある。だが、嶋崎さんはそんな場合、結果が出ているものに対しては常に最短距離で自分も試そうとし、そこからよさや欠点を探り出そうとする。

とはいえ、この日は嶋崎さんもグロッギー気味。日中の暑さにくわえ、趣味のクワガタ獲りで前夜に夜更かしをしていたらしく、「釣れない本流の釣り」の過酷さにすっかり打ちのめされていた。

小さな違いが大きな差をもたらす

二度目の同行の機会は、8月の最終週に訪れた。

午前11時頃に僕が先に川に着き、さっそく釣りを始めたが、気温はすでに30℃を超えている。大場所をやるも全く反応はなく、水量がしばらくぶりに平水に近い状態まで下がっていたので、絞られた急流をダウンで釣り下ることにした。

この日、最初に結んだのは#9のバッタを模したカディス。するといきなり、瀬頭から尺には少し届かない太いヤマメが飛び出した。ちょうどリリースしたところで、嶋崎さんがひょっこりアシの間から顔を出した。

「今、この太い流れからこのように釣ったらガバッと泣き尺が食ってきましたよ」

アシのほうをそのまま見ながら、何気なく実演してみせると、フライは見ていなかったのだが急にサオ先がギュンと引き込まれた。なんと32㎝のオスヤマメ。嶋崎さんが魚と一緒の写真を撮ってくれ、それで挨拶をすませると、前回見せたフライを自分でも巻いてきたとのことで、準備は万全のようだ。

そこで、その下流に続くよいポイントをさっそくやってもらうことにした。僕は少し離れ、分流側のヤナギの下をちょっとやってみた。するとその1投目。フライを流しきったバブルラインが消えようかという場所から、またまたサクッとドルフィンライズで、尺ヤマメが僕の流した#9の黒虫フライを押さえ込んだ。釣り方と場所が当たるとこんなこともある。嶋崎さんのほうは不発だったようで、「もう釣らなくてもいいじゃん！　やっぱりフライ頂戴！」ときた。似たように巻いてきたフライでも、どこかに差異があるはずと感じているらしい。

手もとにある真新しいものは2つだけだった。けれども、さすがに目の前で立て続けに釣れてしまうと断りきれない。ケチな性格なりに妥協した結果、少しくたびれてきたその釣れたばかりのフライをあげることにしたのだが、それが悲劇の（？）始まりだった。

翌日。この日は朝方から弱い雨がパラつく好条件。しかし、なかなか大ものの反応は得られなかった。そこで、有望ポイントは、夕方には東京に帰る予定の嶋崎さんに先行してもらった。

お昼が近くなり、雲が厚くなってくる。雷鳴も近くなってきてはいたが、いまだパラパラ雨状態。あと1時間は釣りができそうなタイミングで、この日のベストポイントの1つに差しかかった。

はっきりとした流心に続くレーンを、嶋崎さんが下流から隈なく流していく。しかし、ヒラキ部分では反応なし。次に流心のど真ん中に沈んでいる、白い大き

嶋崎さんの目の前で連続ヒットした32cm、尺上の美形。翌日、まさかはるかに大きなサイズの一発逆転ホームランが待っているとは……

下の魚のすぐあと、ヤナギの下から飛び出した二匹目のドジョウならぬ30ヤマメ。リラックスした無欲なアプローチが奏功した

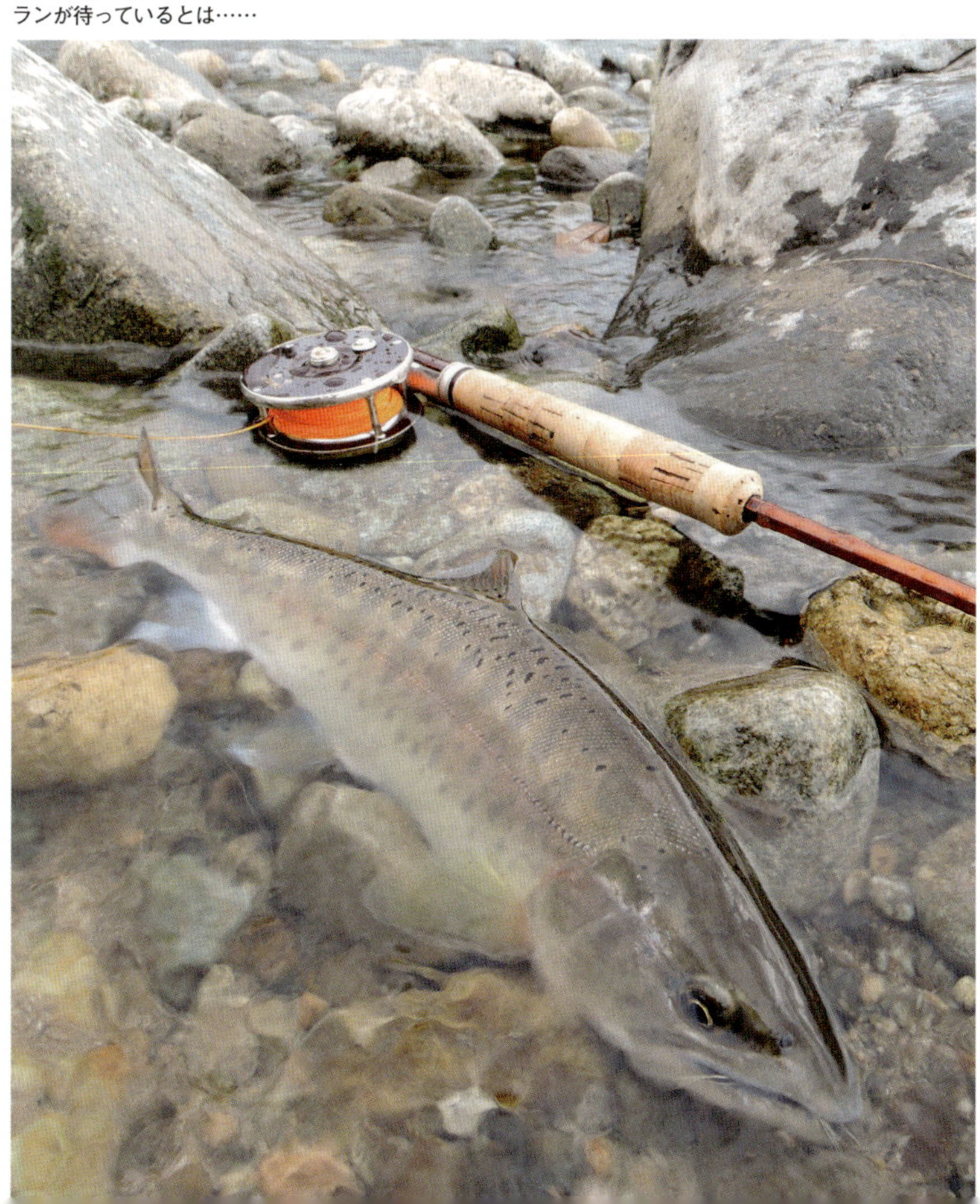

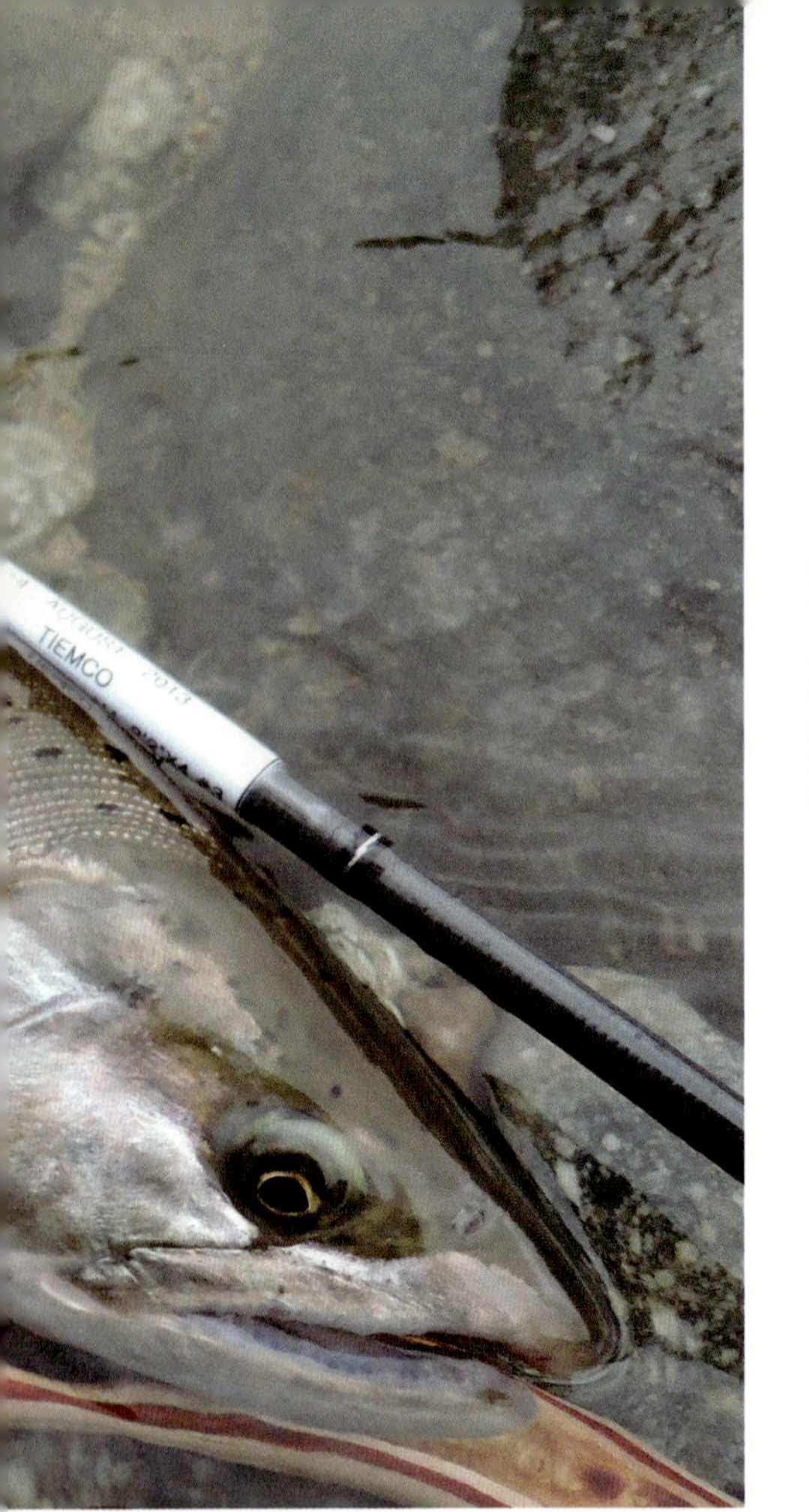

このサイズの魚を岩の点在する荒瀬で掛けるとかなりスリリング。ロッドを寝かせる、起こして岩をかわす、交互の操作を一瞬の判断で繰り返す

な石の向こう側をドリフトした時（ちょうどヤマメの付きやすそうなY字の流れができていた）、その白い石の前から、フライを追うようにスッと動いた魚の影が見えた。

その魚は、嶋崎さんからは見えなかったという。そこで今度はY字のほうではなく、手前の流心そのものを流してみるように伝えた。

結果は1投目であっさり出た。波立った強い流れにいることを感じさせない小さなアクションで、スッとフライが飲み込まれる。ヤマメはすごいスピードで下流に走り、バットからロッドをひん曲げた。嶋崎さんは「スレじゃなかったらデカイ！」と叫び、下流の急流に差し掛かる前の浅瀬に一気に誘導した。鼻が曲がり、丸々と太ったオスは驚いたことに35cmもあった。瞬間的な判断の確かさと、安定したやり取りの腕前は以前から知っていたので、安心してそのまま一緒に喜んだが、すぐに頭の中はとびきりの魚へのうらやましさで支配されてしまった。

そして驚いたのは、その大ヤマメの口の奥をのぞきこんだ時。そこにあったのは、前日に1つだけあげた僕のフライ！

まさかとは思ったが、聞くとこの日もハリ先を砥いでまで、その1本を使い続けていたのだという。フライ1つであっても、何かを感じたものは自分の手でとことん検証してみるという徹底ぶりに思わずうならされた。そして上流に残っていた大場所（あと2つくらいあったのだが）をやろうとすると、まるでタイミン

夏の終わり、一緒に川に入った2回目の釣りで嶋崎さんが手にした35cm

グを図ったかのように大粒の雨が降り出し、この日の釣りはジ・エンドとなったことでますます僕は何かを感じざるをえなかった。

僕は日々の釣りの中で、その時、その流れの中で「明らかに効果のある絶対的なフライ」が存在すると信じて釣りをしている。おそらくそれは、多くの人にとっては「そこまでの違いはないんじゃない?」と思うような、小さな、でも僕にとってはとても大きなこだわりだ。だからこそ、フライに関しても人並み以上にケチなのだが、嶋崎さんにはある意味で、そのこだわりを同じレベルで理解してくれていたことに気が付いた。

後日、僕も今シーズンのベストとなる同サイズのヤマメを釣った。そのヤマメも、フライは嶋崎さんにあげたものと同じものだった。

写真Aは嶋崎さんが35ヤマメを釣ったポイント。川は左から右へ流れており、沈み石となっている白い大きめの石の前にある、ガンガンの流心のどまん中から出た（×1）。そして別の日に、僕が同サイズのやはり35ヤマメを釣ったポイントが写真B（×2）。川は右から左に流れており、上流からの流れ込みがあっていかにもという場所ではなく、そのさらに奥、アシ際に沿って出来ている、もう1つの気づきにくいレーンの中央部からフライに出た

嶋崎さんが東京に戻ってから 11 日後、僕もシーズンベストとなる 35cm の素晴らしいヤマメを釣ったが、同サイズを超えられなかったのが実は今も悔しい。「僕のほうがよりフレッシュな若いオスだった！」という自己満足はやはりひがみ？

マッチング・ザ・ハッチ

DVD『ライズハンティング後編 One on Stream5』
撮影ロケより。春の鬼怒川を舞台に、
複合ライズのパズルを解く。

ここ数年、流下する虫の豊富
さとヤマメの姿のよさから通
いこんでいる北関東の本流

3月の解禁から5月頃まで活躍する各種のドライパターン。エラブタのスペントウイングパターン（中央部）を含むそれぞれのフライに工夫のしどころがある

ダンを食いだした時は、この静かな水面でもこれくらい激しいしぶきが上がることも

ムービングライズ

2013年の4月24日。小雨の日をねらって関東の本流に立った。朝から曇天で小雨も混じる絶好の条件（ハッチは直射日光が少ないと増える種類が多い）で、午前8時半頃からねらっていた大場所のヒラキにスタンバイした。ところが条件は最高に感じるのに虫の量は増えてこず、ライズは全く起きない。

仕方がなく大きくポイント移動してみたのだが、そこではすでにハッチが始まっていた。時計はすでに11時近かったと思うが、コカゲロウ類が黒帆を立てて流下をはじめていて、そこにさらに小さいものやアカマダラが混ざっているようだった。

ヒラキのほうまで下りていくとやはりライズはすでに繰り返されていた。自分が最初に選んだポイントと心中するか移動するかは成否の分かれ目となるが、今回に関してはよかったようである。ライズしているヤマメは4尾ほどで、どれもいい感じで続けて捕食しているように見える。できればその中で最も大きいのをねらいたかったため、しばらく観察したがもっとも奥でライズしているヤマメがデカそうであった。

対岸に回りこみたかったが、かなりヒラキの下のほうでライズしているため警戒させる懸念もあり、手前のヤマメをねらってから奥をねらうことにした。フライはもちろんコカゲのスペントパターンを結んだ。近くにいたヤマメをまず2尾釣ったが、どれも太った9寸級のよいヤマメである。

だが、その後の1尾で失敗してしまったことがまずかったらしく、ライズは止まってしまった。仕方なく岸に戻り、昼食を食べながらふたたびライズが起きるのを待った。

ちょうど食べ終わって雑談していたら、1時前にまた奥のデカイのがライズを開始した。ここから本命との対戦が始まった。立ちこんで射程距離まで近づき、よ

ムービングライズを繰り返し、最後に定位して
フライをくわえたメス。背中にウの猛攻をくぐ
り抜けて生きてきた跡があった

く観察してみると、どうも強い流れと対岸の石との絡みで、同位置でライズしない感じである。それでもかなりの頻度でライズしていたため、あっさり勝負が付くと思ったが大間違いであった。少しドラッグが掛かる流れであったのも影響してか、何度流してもかすりもしないのである。

雨も強くなってきて2時も過ぎ、ハッチも大量のアカマダラカゲロウに加え、エラブタやヒラタ、ガガンボまで混ざるようになり、完全に頭の中が混乱してきた。フライさえバッチリ合っていれば反応してきてはくれるくらいライズは続いている。それなのにアカマダラのフライには全く反応を示さず、数センチ横でライズする始末である。これは何かほかの虫に執着しているのではないか？　そう思い始めたらフライを合わせていくしかない。

確信のないままフライをあれこれ替え始めると迷宮入りしやすいのは重々承知しているつもりであったが、虫の種類とライズに惑わされて数時間に渡り20回以上もフライを交換し続けることになった。

もう手段が思いつかなくなった頃、もう一度観察しなおすことにした。僕の経験上、フライを流しても続いているライズは必ず反応させられるタイミングが訪れる。それがどのフライで、どのタイミングなのか？　雨の中水面を凝視し、ライズフォームと場所を確認し……とやっているうちに自分の立つ位置がずいぶんと上流に移動していることに気づいた。ほんの少しずつ移動してライズしていたヤマメをねらっているうちに、かなり動いていたのである。

それでハッとしてライズ位置を重点的に観察した。よく思い出してみると最初からムービングライズだったのである。ライズは2回と同じ場所で起きないため、レーンピッタリに流しても横でライズしてしまうのである。それが上下左右にズレながら少しずつ上流に来ていた。

フライは最終的にエラブタにすることに決めた。というのもどう見てもこの頃からエラブタの数がほかを圧倒しているし、そのような状況では経験上エラブタが食われると確信していたからだ。

あとはタイミングである。もう少し上に移動してきてくれればヨレが合わさる流れがあり、そこに来れば定位してくれるのではないか？　しかし、ハッチは微妙に増減を繰り返していて、いつ終わってしまうとも限らない。すでに2時間半ほどライズは続いているので、そろそろ心配な時間である。そんな心配をしていた頃に、ねらいの流れでライズした。これは同位置で続くぞ！　と思ったのだが、次は下流に、また横に、そして例の場所、という感じで落ち着きがなく、やはり流しても反応してくれない。

だが、数回繰り返した後にチャンスは訪れた。やはり合わせ目で連続ライズを始めたのである。定位性のライズに変わった瞬間である。明確に定点で数秒おきのライズである。勝負はその後、数投で決まった。エラブタスペント#17をあっさりくわえたのである。あれほど苦労し

曇天の下に現われた砲弾。その重量感は何度体験しても格別

たのは何だったのか？

マグレで頭上も通過しているはずである。しかし、定位するまで全く反応も示さなかったヤマメは33㎝の極太のメス。背中にはウに噛まれたらしい傷が大きく残っていた。

変化する虫と季節のなかで

フライフィッシングの最大の魅力は、ライズしている魚を釣る威力がほかの釣りよりも遥かに優れていることだと思う。食っているのが見える魚が釣れるというのは、釣り人としてやはり興奮するし素晴らしく楽しい。

もちろんこれはしっかり流下の虫が分かって、その虫を模したフライを持っていて、そこにフライをキャストしてきれいにドリフトするという作業が必要である。時には浮いてサイズだけ合えば食ってくれることもあるし、サイズや色、さらには水面への接し方まで忠実に合わないと食ってくれない場合もあり、一概にまとめることは難しい。

一般的には流れの速い場所でのライズは大まかなフライで対処できるし、遅く鏡のような場所ではシビアに合わせないと食ってくれないのがヤマメである。イワナの場合は、鏡のような水面においてもプレッシャーの少ない釣り場ではフライの選択肢は広い。これはあくまでも個体差でさまざまなパターンが存在する中での話ではあるが。

解禁から順を追って虫が変わっていき、

それに合わせた釣りを楽しんでいくのは、答えを捜し出すのが難しくもあるが、季節感もあり楽しみや発見が毎年積み重なっていくのが面白い。かなり前から、春は関東の本流でライズの釣りを楽しむようになった。

もちろん東北にもユスリカやクロカワゲラでの春のライズも多少あるのだが、何せ虫の数が全く違うし魚のコンディションが解禁当初から素晴らしいのだから、多少遠くても通いたくなるのである。それと共に日中に魚がライズするのが3～5月の魅力でもあり、イブニングライズをねらわない自分のスタイルとも合致して楽しさを増幅してくれている。

通い出した当初は惨敗を何度も経験したが、やはりシーズンを重ねるごとにパターンが見えてきた気がする。それでも完全攻略できないのが自然であるし、2014年もまた川に通いつづけ、記憶に残る釣りに巡り合うことを期待している。

雨の自由時間

『FlyFisher』2013 年 12 月号付録 DVD 撮影ロケ（ボツ日）より。澄んだ支流＆濁った本流の境目で起きたドラマ。

近年、人里に降りてくることが多いクマ。渓に入る時には注意しなくてはいけない。このツキノワグマも、我々が通り過ぎた直後、その流れを堂々と渡っていった

生きものを知る遊び

　フライフィッシングとはなんだろうか？　あらためて考える方は少ないかと思う。単純に考えると、釣りの方法の1つであるにすぎない。テクニックがどうだとか、フライはこうでなければいけないだとかは二の次。まずは魚のいるところで釣りをすること、よい条件下で釣りをすることこそ、フライフィッシングにおいて最も重要なのである。

　しかも、釣りというのは基本的に魚を取る手段であるわけだから、まずは相手の性質を理解しなければならない。子どものころ、昆虫採集をしようとした時を思い出してほしい。この虫はどの植物に付いていて、いつ行動しているかなど、考えたり調べたりして、捜し回った記憶のある方も少なくないはずだ。基本的には釣りもそのような遊びであり、魚の生態や行動を熟知したうえで、必要な技術や所作を身につけていくものだ。そうでないと、どこかおかしい、バランスの悪い釣り人に見えてしまうのである。

　もしかしたらあらゆる釣りの中でも一番、不合理でこっけいなことを当たり前のようにやっているのが、フライフィッシングなのかもしれない。これはすなわち、釣れない釣りであることを意味する。そのせいでフライフィッシングを始めたばかりの人が、最終的には合理的――エサ釣りやルアーなど――な方向に向かってしまうのではないかと、この釣りのファンのひとりとして危惧してしまう。

　僕は基本的にライトタックルでのドライフライしかしないのだが、それはこの釣りがこの分野で最も強力で、釣れる釣りだと思っているからにほかならない。季節によって厳しい時期もあるが、トータルすると数も断然釣れるし、大ものも釣れる。ましてや、見えてライズしている魚たちへの威力は抜群である。

　釣れない時も、もちろんある。だが、ほかの釣りに比べてそれが多いとも思ったことはないし、渓流魚が釣れる瞬間が毎回見られることは、最高の楽しみである。その最高の瞬間を何度も何度も見たくて、技術を磨いたり、釣れるフライを考えたり、大ものが潜む釣り場を捜し回っているのである。

雨の日の釣り

　ここ数年DVDなどの撮影が多く、毎回テーマを決めて挑んでいるわけだが、その担当者の滝大輔さんとともに川に立つ機会が多い。彼は可能な限りカメラを回すし、僕は可能な限り大ヤマメをねらう。両者の思いが合致していればこそ、よい映像につながっていると思う。

　滝さんは月刊『FlyFisher』の元編集長だ。そのころからの付き合いで、最初に僕がグラビアのトップを飾ったのも、彼が編集長時代のことだった。

　最初に感じた印象は、やはり「釣りが好き」ということ。これは、滝さんが抜きん出ている部分である。付き合っているうちに「まあ、釣りも好きなんだな」

濁りの中から、イワナのように静かにフライを捕食してきた尺ヤマメ。小さいライズフォームのわりに、黒虫フライの＃9をしっかりくわえていた。ちなみにロッドは7フィート7インチの竹ザオ。ラインはDT＃4Fでリーダーは LDL（ロングドリフトリーダー）の15フィート。ティペット5Xで、全長22フィートほどだった

くらいの編集部員が多いなかで、最初からガツンと釣り好きを感じさせてくれたのは彼が最初だった。そのことは、僕が釣り人としてすごく夢を感じた瞬間でもあった。なぜならそこには、僕が面白いと感じることや、「これからこんな釣りをしていきたい」という思いなどを、共感してもらえる可能性があったからだ。そして、それをリスクと思わず誌面に活かしてくれる期待感もあった。

そのような関係のなかで、数々の取材をこなし、現在の動画製作につながってきたわけである。

『FlyFisher』2013年12月号のおまけDVDは、役内川の本流ヤマメねらいに決めて挑んだ。だが、やはり釣り人は天気には勝てない。2回に分けて1泊2日で釣行したのだが、どちらも雨のせいで1日ずつしか撮影できなかった。

役内川での撮影がテーマである以上、役内川以外での撮影はNG。雨の日はほかの川で時間をつぶすこととなった……といえば聞こえはよいが、この時とばか

まさに、ここが現場。手前の本流の水量があって、それがダムのように支流の流れを堰き止めている。それによって支流の水が滞留し、ライズが確認できた

滝さんが釣ったのは、8月ごろのヤマメとしては一番よい状態と思われる魚だった。体高、顔付き、色ぐあいのすべてが申し分ない。ここまで幅広く重量感のある魚体は、何度も見られるものではない

＃17のフライングアント。このフライは夏の叩き上がりの釣り、ライズの釣りのどちらでも活躍してくれる、信頼性の高いもの。最後の最後にこのフライに助けられたことも数知れず。ドレッシングの厚さ、色などを変えて数種を用意している。雪代後から禁漁にかけて、アントとビートルは必ず持参したい

りに滝さんは釣りに没頭するのである。
アメダスのレーダーを見て僕が釣り可能な川を捜し、一緒に遊びとして釣りをすることにした。多少濁ってはいるが、ギリギリ釣りが可能なくらいの状況でも、彼にとっては釣りができるだけでもうけもの。だから雨や濁りとは裏腹に、晴れ渡った表情をしていた。

とある支流で……

肝心の釣りはというと、やはり反応がよくない。しばらくはなんの反応もなかった。そうこうしているうちに、会社から滝さんに電話が来たらしく、付いて来なくなってしまった。まあ、得てしてこのような時に魚が出るものだ。濁り水の浅場から尺ヤマメが釣れてしまった。

今日は滝さんに尺ヤマメを釣ってほしいと、心から思っていたので少し残念だったが、仕方がない。ひとしきり写真を撮り終えたところで滝さんが追いついてきたので、ニコパチも撮ってもらった。

その後は、めぼしいポイントはすべて彼に釣ってもらうことにして進んだ。しかし、濁りはさらに強くなってきた。

だが厳しくなっていく条件とは裏腹に、彼は楽しそうにロッドを振り続けていた。ループコントロールやプレゼンテーションの調整などをしっかりイメージしてロッドを振っているのが、横で見ていてもよく分かる。魚を釣るだけではない楽しみを、数え切れないほど散りばめたこの遊びは、やっぱり素晴らしいな……。そう思いつつ、彼の釣りを見ていた。

そのうちに雨はあがり、日差しも出てきた。濁りは相変わらずだったが、支流が合流しているポイントに着いたところ、その支流側が完全にクリアである。怪しいと思い観察してみると、ゆったりとライズしている大ヤマメの姿があった。

本流側が増水しているため合流地点の水位が上がり、支流側はいつもよりゆったりと流れ込んでいる。そこにフライングアントや小型のビートルが滞留して、ライズにつながっているように見える。僕は一目で軽く尺を超えていると判断したが、変なプレッシャーはかけないように、滝さんに「尺近いかもしれませんよ」と伝えた。

そのヤマメは、左右上下にエサを追いかけながらライズしているくらい、捕食のスイッチが入っている。このような場合は1投で食うか、失敗プレゼンテーションに反応させてしまい終了するかが多い。要するに、微妙な状況である。

滝さんが追い付いて来ない間、僕が釣った尺ヤマメ。滝さんの魚に比べると、ちょっと貧弱なような……（笑）

試行錯誤

滝さんにヤマメとライズを確認してもらってから、#17のフライングアントだけ手渡した。その時は#13くらいのビートル系フライを彼は付けていたと思うが、そのまま行くか替えるかは彼の判断に任せた。

さて、問題の1投目である。僕も緊張して見守った。キャストは微妙に外れたが、やはりヤマメは追い食いしてきてしまった。それでも口に触れることなく空振りに終わったので、ヤマメは数分で戻ってきてくれた。

そこからはフライを急に見切るようになり、ややこしい釣りに突入である。だが何投しても逃げずにライズしているヤマメを見て、僕としては安心して見ていられた。フライを見ても逃げないヤマメは、どこかのタイミングで必ずチャンスが訪れるものである。最後はフライを食って、失敗か成功のどちらかまで、ゲー

夏の東北、32・5㎝の尺ヤマメ

ムは続く場合がほとんどである。

　フライを替えて、ティペットも細くするしかないことを告げた後、嶋崎了さんから電話である。仕事の電話であったが、実況中継しながら嶋崎さんにも楽しんでもらうことにした。

「バクバクやってる」

「マジで?」

「尺はゆうに超えてる」

「滝!　やらかせ!」

「またライズ!　お～っ、あ～あ」

　勝手なことを言いながら合間に用件は済ませ、「これは釣れないな」と嶋崎さんが言ったとたん、魚はあっさりとフライを飲み込んだのである。

「食った!　掛かった、デカイデカイ!」

「えっ?　掛かっちゃったの?　つまんないな……。じゃあね!　取れたらおめでとうっていっといて!」

　仲のよいもの同士の釣り人の会話など、このようなものである。もちろん、まったく悪意などなく、逆に応援の一種でもあるのだ。しかし、失敗のほうが盛り上がるのはいうまでもない（笑）。

話を滝さんのフライに魚が出たところに戻そう。意外に手こずったが、30分ほどかけて滝さんは尺ヤマメを釣った。やはりティペットは7Xに替えて、小さめのフライで挑んだのだが、このような釣りで重要なのはタイミングと目先の変化である。どの位置で最も安定したライズを見せるかも重要だし、折れない精神力も必要である。

最後はライズした3秒後に同じ位置をフライが流れ、#17のフライングアントを、魚はスローモーションのように大口を開けて押さえ込んだ。そして一、二、のベストタイミングで、滝さんはしっかりフッキングさせた。

本流側に下られて長いファイトになったが、なんとかランディングに持ち込み、彼は最高の笑顔を見せた。僕も心の底から「おめでとう」と思ったし、大拍手を送った。

32・5㎝。顔つき、体高、色ぐあいといい極上のヤマメである。滝さん自身も「今までで最もカッコいいヤマメ」と言ったくらいよい魚であった。もちろんさんざんフライ交換したあげくに、僕が渡しておいたフライで釣れたのはなおよかった（笑）。

以上は初回の撮影時の話だが、2回目の時も運よく（？）2日目が雨だった。すでに尺ヤマメの映像が2尾撮れていたので帰ってもよいのだが、やはり「釣りできるところ、ないっすか？」ときた。これでこそ滝さんなのである。待っていましたとばかり、支流の澄んだ流れを捜し、ガケを下り、堰堤をロープで越えなければいけないところに入る。そしてなんとか、きれいな9寸ヤマメを釣って、満足してもらった。僕はといえば、雨のなかでは面倒くさいと思い、ロッドさえも持たなかった。

その帰りのこと。ひとまたぎできる程度の流れをのぞいたら、イワナが定位してライズしているではないか。しかし、バックスペースもまったく取れないくらいのヤブで、どう考えてもキャストはできない。

僕は滝さんに「チョウチン釣りなら釣れると思うけど、まさかやらないよね？」と声を掛けた。しばらくライズするイワナを眺めた後、彼は「やってみようかな」だって……（笑）。

ロングティペットだったため、そのティペットを1・2mほどの長さでロッドティップにハーフヒッチで固定。そのあげく、ヤブを潜ってイワナの上にポトリ……。そして魚はパクッと食いついた。アンバランスなタックルでの取り込みに苦しむ滝さんは、子どものように楽しんでいた。彼の口癖でもある「獅子は一匹の鼠をも全力で狩る」が僕の脳裏をかすめ、勝手に大爆笑しながらシャッターを押した。

どんな相手でも気を緩めずに挑む姿勢が、そこにはあった。釣りに置き換えるなら、どのような釣りでも心から楽しむことにつながっているように思う。貴重な取材ボツの2日間であった。

その30分、尺上を釣った男の頭の中。

「釣り自慢みたいですみません。でも、いろいろあったんです」

こんなヤマメを釣らせていただいたんですから、秋田方向には足を向けて寝られません。

最初、僕にはポツンとライズリングだけが見えました。そこで、それまで結んであったパラシュートの# 13 を、立ち位置もそのままでアップストリームで投げました。フライはライズの少し左側に落ちて、それでも魚はあっさり出てきたんです。そしてすっぽ抜け。

それでも、魚は左右に動きながら水面の食べ物を捜し、ライズを繰り返します。ヤマメに二度目はない、ということがほとんどなのに、この魚は食欲と警戒心のバランスが、食欲のほうへ大きく傾いている感じでした。

ここで僕なりの教訓その1。この時「簡単に釣れる」と思ってしまいました。だからさっきすっぽ抜けたフライをまた投げてしまったのです。しかし魚は、今度は近くに見に来るだけでくわえません。振り返れば、ここが分岐点でしたが、その時は「やっぱりだめか、ハハ」なんて、まだ僕は軽く釣れると思っていました（それだけヤマメは大胆にライズしていたということです）。

ここからは完全にこじれました。僕が選ぶフライはことごとく食べてくれません。フライを替えるたびに魚がスレていくのが分かります。実はこの悪戦苦闘のなかで、渋谷さんに手渡されたフライングアントも投げているんです。ですがこれも、ほかのフライと同じように見に来るか無視、という状態でした。もう打つ手がない、というところで渋谷さんが「やっぱりフライングアントに戻したほうがいい」と言うので、いっぱいになったフライパッチから、さっき見切られたフライを外しました……。

２回目のフライングアントに食ってきた理由なんて分かりません。ただ、フライが落ちた位置は変わっていたと思います。「フライを上流から流しすぎ」と渋谷さんが何度もつぶやいていたので、そのとおりにやっただけなのですが、目測では魚の 30cm くらい上にティペットもうまい形で落ちてくれて、そのまま魚も慌てず、迷わず、食ってきたように思います。同じフライでも、落ち方や流す距離で魚の反応が極端に変わりました。これが僕なりの教訓その2、です。なにせ一度見切られたフライで釣れたんですから、プレゼンテーションやフライが落ちるタイミングの重要性を思い知らされました。

とにかく、釣れてくれて本当にラッキーでした。これが釣れてなければ……、最初にフライを軽率に投げてしまったことを何年も後悔したと思います。それほどエキサイティングな、濃密な 30 分でした。

最後に、ボサ川でのイワナ釣りに関して。リーダーをロッドティップに結びつけるという、およそフライフィッシャーらしからぬアイデアを出したのは僕ではなく、渋谷さんです。（滝）

この魚が釣れる直前に天気は回復し、晴天のもとで撮影。生涯記憶に残るであろう１尾

橋の上で見ていた僕が「もうちょぃ左！」などと声をかけ、首尾よく滝さんがイワナを釣りあげた

大ものとのやり取り

掛けた魚は必ず取る。
特に相手が大ものの場合、失敗は許されない。
そこで今回は後悔しないための技術を解説したい。

このくらい障害物がなく広いプールだと、安心してやり取りが楽しめる。今の時期は管理釣り場などで、大ものとのやり取りに慣れておくのも手だ

太ったオスのニジマス。ヒレもとがっていて迫力がある。魚体には１つも欠損がなかった

最後まで気を抜くべからず

釣りを完結させるのはランディングである。いくらC&Rが前提であっても、魚を手中に収める前に逃げられてしまうと悔しいものだ。相手が大ものであればあるほど取り込みは難しい。最後の最後に切られたりバラしたり、一瞬を突いて逃げられたりするものである。これを防ぐためにどのようにやり取りしたらよいのか、また心構えをしておくかなどを、僕の経験のなかから解説したいと思う。

今回は、40オーバーのニジマスとのやり取りを前提として話をすすめる。だが、基本的な考え方はヤマメ、イワナの大ものも一緒である。

フッキングしたらまず、ラインをしっかり手繰ってロッドのバットに魚の荷重がしっかり乗るところまでテンションを掛けなければならない。これは確実なフッキングへの二度アワセ的な意味合いも

あるし、相手のサイズを判断する目安にもなる。

この時点から本格的に取り込みに入るわけだが、可能なら最短時間で取り込んでしまうのがベストである。大ものでも走り出す前になんとなく寄ってきて、ネットに入れられることがまれにある。しかしほとんどの場合、大ものはネットに

ランディングネットは、ヤマメなら内径 30.cm 前後。ニジマスなら 40cm 前後であれば、最大魚でもだいたい大丈夫だろう。なおネットはヤブ漕ぎなどで邪魔にならない限り、深いものがよい

手をかけた瞬間に、最後の抵抗を試みて走り出す。そこからは、長いやり取りに突入するわけだ。どちらのケースでも、心の準備が必要なことに変わりはない。

近くに浅瀬があれば理想

本来は大ものが出そうなポイントに立った瞬間から、やり取りのイメージをつくっておかなければならない。掛かったらどの障害物に注意し、どこまで走らせても大丈夫なのか。どこから、どの範囲でランディングが可能なのか。こういったことを、あらかじめある程度は想定しておく必要があるわけだ。

最も有効なのは、浅瀬への誘導である。その場合は魚の体高より浅い、ある程度のスペースを必要とする。つまり川の形状によっては、この方法は不可能になる。したがってランディングネットは必携で、ニジマスねらいなら60オーバーまで楽にすくえるサイズ、形状が求められる。

経験上、ネットの形状はラウンド~ティアドロップタイプが失敗は少なく、オーバルの細いタイプ（楕円形で縦長のもの）やカーブタイプは失敗につながる。デザインを重視したネットも魅力かもしれない。だが取ってからの撮影の絵面を重視する前に、「取る」ことをまず考えないと「捕らぬ狸の……」になってしまう。

ネットの深さは、深いほど安全に大ものをすくうことができる。ヤブ漕ぎなど邪魔にならない程度であれば、深いにこしたことはない。

#3~4が面白いから……

一生に一度あるかどうかの大ものを、道具によって失うことは避けたい。だがタックルの選び方を含め、釣りというのは難しい。

ドライフライの釣りを楽しみたい僕にとっては、気持ちよくキャスティングが

合わせても重さが乗らないと感じたら……？

対岸の際で魚を掛けたこの場面では、アワセの瞬間にサオにかかる重みが弱かった。垂直以上にサオが起き上がってしまう感じである。ラインがたるんでいたりすると、いくら大きくサオを立ててもフッキングしない可能性がある。あくまでイメージだが、サオを 45 度くらいまで立てた時にテンションがかかれば、問題なくフッキングしていることが多い。

もしアワセを入れても重みがなく、抜けたような感じがあるなら、サオにしっかりとテンションがかかるまで自分が後ろに下がる。この動きが二度アワセ的な意味合いを持ち、しっかりとしたフッキングに持ち込める。

合わせた瞬間。腕を引いてサオを上げるのはもちろん、魚の重みが乗るまでラインを手繰り、同時に後ろに下がって引っ張り続ける

この時にはこのあたりで、しっかりフッキングしたと確信した

ここで魚は一気に走った。おそらく 15m ほどだろうが、すかさずラインを放して対処する

ラインが出て、ここからはリールファイトに移った

ラインの先端がサオのティップから少し出たあたりから、ラインを手繰るハンドリングによるやり取りに移行する。これ以上リールファイトを続けてリーダーまでリールに巻き込むと、それがラインの間に挟まってうまく出ないことがある

フィニッシュ。ネットに収める瞬間は最も危険なタイミングだが、それについては後ほど

魚が休んでいる間、めいっぱいテンションをかけて疲労させる

ここでもし走られたら、手で押さえたリーダーをすぐに離せるように

7

無事ランディングに成功した

できて軽快に釣りが成立しないと面白くない。つまり道具の選択には嗜好も加味されるため、一概に「取れるか、取れないか」だけを重視できない。それこそが、この釣りの面白いところでもある。

僕の場合は、ドライフライを流し続けるには#3~4の範囲で充分楽しめると思っているし、60オーバーも何尾か手にできている。竹ザオがメインなので、#5より番手が上がると重さが気になるし、キャスト感も軽快さを欠く。

以前にニュージーランドやアメリカで、60オーバーのマスたちのパワーを何度も体験した。どの国もドライでは#4がメインだし、自分の感覚とも合致した。

取り込みやすいタックル

竹ザオやグラスなど低反発のロッドが、大ものとのやり取りには向いている。相手の力をうまく吸収してくれるのである。必要以上に暴れさせない柔軟性と強さを兼ね備えたのが竹ザオだと思っているが、

サオがのされる感覚とは？

やり取りにおいては、サオのテンションを保つことは重要。そしてそのテンションは、サオの素材やティペットの太さ、さらにはフックの強度などによって加減が決まる。まずは自分のタックルの限界をよく知ることが重要なのだ。サオがのされる角度を把握し、それ以上に魚が引くようであれば、握っていたラインを放すなどの対応が必要になる。

サオがのされる感覚とは、手もとのラインが魚と1対1の引っ張り合いになったようなイメージだろうか。つまりサオの弾力性が活かされていない状態である。もちろんサオの素材、調子によって変わるし、ティペットの強度も大きく関係してくる。

つまり大ものとのやり取りでは、自分のタックルの限界値を、感覚として身につけておくことが大切なのだ。

岸際のわずかに深くなった箇所で出た魚は、派手な飛沫をあげてファイトの口火を切った

少しずつ寄ってきた魚だったが、ここから一気に走られ……

ラインが出て、リールファイトになった

ラインを手繰りながら下流へ魚を追って移動。この時もサオのテンションは保つこと

浅場に誘導して取り込む
サオの角度を変えずに
下がるのが基本

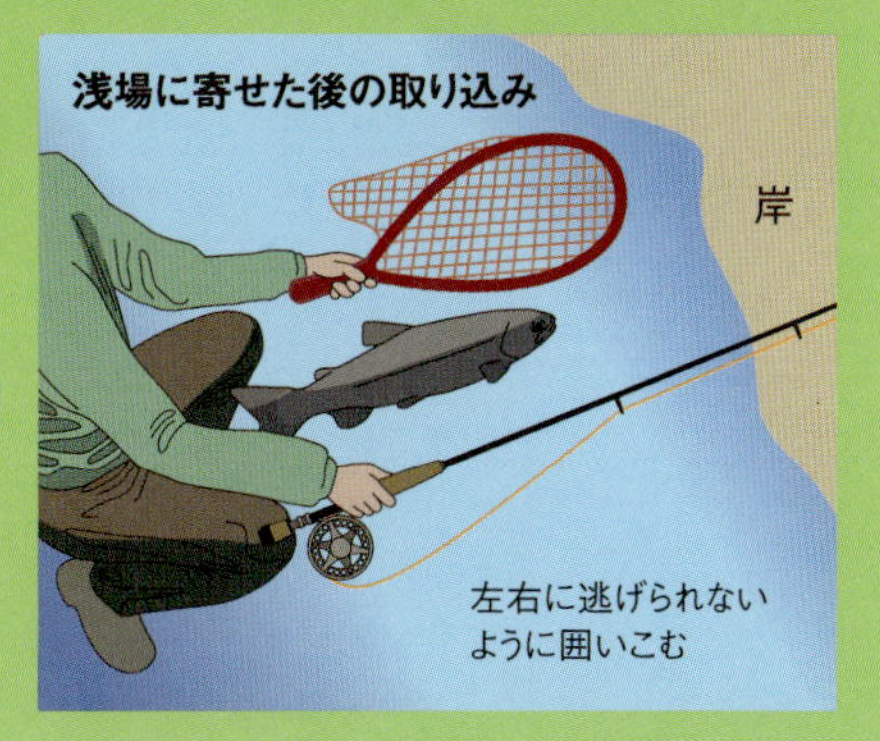

浅場に寄せた後の取り込み

左右に逃げられない
ように囲いこむ

サオのテンションを保ち、自分から魚に近づく。そのためにはラインを素早く手繰る必要がある。リールを巻いてファイトしようとすると、このようなケースでは間に合わないことも多い。なにしろフライリールは1：1なので……

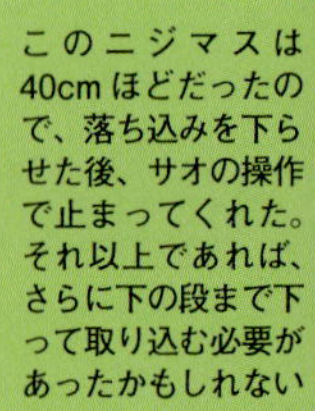
このニジマスは40cmほどだったので、落ち込みを下らせた後、サオの操作で止まってくれた。それ以上であれば、さらに下の段まで下って取り込む必要があったかもしれない

グラスはさらに暴れさせないゴムひものような感覚があり、大ものをいとも簡単に取り込めるという利点がある。

一方カーボングラファイトは強いのだが、魚も限界まで反発してくる。ライトタックルで小さめのフライ、細いティペットでは、かなりテクニカルなファイトが要求される。それを補うために、リールが進化してきたという部分もあると思う。ラージアーバーのドラッグ機能タイプなどがあれば、大ものにもそれなりに対処できる。細いティペットでも、なんとかなるかもしれない。

自分としては竹ザオとクリックタイプのリールが、フィーリング的にしっくりくる。芯のある中空タイプにはない、トルクと張りのあるロッド。そして、ラインがなくなるほどにドラッグがきつくなっていくリール。この組み合わせで、思いどおりのやり取りを実現できると思っている。ただ道具については詳しく解説していくときりがないので、またの機会に回したい。

プール→落ち込みの取り込みパターン。

水深のあるプールで魚を掛けたとしよう。もちろんそこで取り込めればそれでよいが、そうもいかないケースもままある。

ここではプールの最下流、落ち込み付近に立って魚を掛けた。自らが上流へ行く選択肢もあるにはあるが、そうするとこのポイントをつぶすことになる。さて、どうするか？

寄ってきた魚は最初、足もとの深場で岩の下に突っ込もうとした。それを防ぐため、前に出てサオをためて浮かせにかかる。どうにか魚は浮いたが、落ち込み手前の肩は水が集められ、水流が強い。そのため落ち込みの一段下へ魚を誘導し、そこで取り込むという方法が有効になる。

落ち込みから一段下へ誘導すると、強い水流に乗って一気に魚が下るのではないかという不安があるだろう。だがこの時点である程度体力を使っている魚は、そのせいか脇の緩流帯で休もうとすることが多い。そのタイミングこそが、取り込みのチャンスなのである。

1 魚を掛けた瞬間。やり取りでは、魚を下流に走らせるのが基本だ

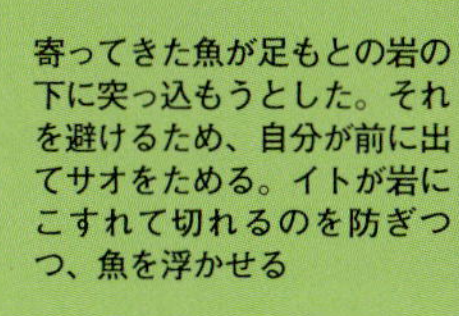

2 寄ってきた魚が足もとの岩の下に突っ込もうとした。それを避けるため、自分が前に出てサオをためる。イトが岩にこすれて切れるのを防ぎつつ、魚を浮かせる

3 サオの操作で、下流に走ろうとする魚を止める

いよいよすくうという瞬間は、サオのテンションが抜けた状態になっている。写真からも分かるとおり、サオはすでに曲がっていない

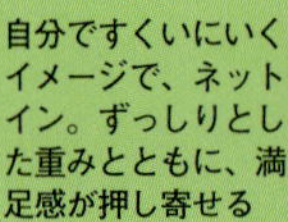
自分ですくいにいくイメージで、ネットイン。ずっしりとした重みとともに、満足感が押し寄せる

道具の限界を知る

やり取りの基本は、魚との呼吸合わせである。要は魚が走りたい時には走らせ、休みたい時に一気にテンションを掛け疲労させる。これに尽きると思う。

せっかく魚が休んでいる時に手もとのラインを悠長に巻き取っているようでは、次の猛烈な疾走を助長させてしまう。

50オーバーのニジマスが走り出したら、無理に止めようとすれば2Xティペットでも切られてしまう。#4ロッドでも#7ロッドでも、6Xティペットでも2Xティペットでも、切られる時は切られるのである。結局のところやり取りは、ある程度腹をくくって挑まなければ解決は見出せない。

基本的にイトを太くすればハリが伸びるし、魚がフライに出にくくもなる。細仕掛けを使用すれば出やすいが、慎重なファイトが必要になる。どちらもリスクはあるのだが、自分がどのような釣りを

いよいよ、ネットですくう。

魚がどうにか弱ってきて、いよいよランディングネットですくう場面が来たとしよう。この時こそ、最も注意すべきだというのは間違いない。ネットを見た途端、暴れ出す魚は多いのだ。

最後に魚を寄せる時は、サオのテンションを保ったまま、ぐっと後方に引く。ただし最後にネットですくう時には、そのテンションを緩めることが大切だ。というのも、魚が近づいた状態でさらにサオを上げようとすると、サオ先に大きな負担がかかる。バット部の弾性が生かせず、結果的にバラシにつながる可能性が出てくる。

魚の引きをいなし、パワーが衰えてきたところを見計らって寄せにかかる

親指で、リールを自分の反対側に押しやるようなイメージでサオを後方へ。リールを自分の側に向けたままより、そのほうが腕をスムーズに動かせるはずだ

育ちざかりの盛夏のニジマス。こんな魚に会いたくて、北海道まで来たのである。ドライフライでは、このくらいの魚でも充分楽しい

したいかで、おのずと選ぶシステムも決まる。そしてやがては、それに合ったやり取りができるようになると思う。

ヤマメのハーレム理論

ヤマメが群れで行動する生き物であることの考察。
意外かもしれないが、
これは尺上クラスにも当てはまる事実である。

手で支えてみると魚体の厚み、幅がはっきりと分かる。その重量感とともに、生きた筋肉の迫力が伝わってくる

繁殖期を見据えた魚たちの戦略と「棚」の概念

ハーレムというと、オスを頂点としたメスの集団を想像するかもしれない。生物学的には、繁殖などのために1種類の生物が集団でいることを「コロニー」と呼ぶ。まあ難しい話はさておき、ここではヤマメたちの群れの意味を釣りに活かすべく考察してみることにする。

盛期を過ぎると急激な水温の低下をきっかけに、オスの鼻が曲がってくるなどの魚体の変化が始まる。その際、一時的にエサを食べなくなるタイミングがあるように思う

繁殖のためといっても、実際には秋だけではなく、メスのヤマメたちの周辺にオスヤマメが群がるところから群れの形成はスタートすると思っている。そのためハーレムといっても春から産卵間際まで、長いスパンの話になる。

季節外れの秋色のヤマメ写真を持ってきたが、この釣果はマグレではない。シーズン初期からヤマメの群れを十数集団確認し、その移動を把握し、そのなかの大型のオスの居場所をピンで特定できたから得られた結果なのである。

シーズン初期ほど、小型の虫が大量に流下するため、群れの位置は確認しやすい。ライズもよく見られるため、その情報を活かして秋の尺ヤマメ量産につなげなければもったいない。

今回は、関東以北の傾向を中心に書く。だが時期をずらして考えたり、標高を考慮したりすると、全国の河川で同じような現象はあると思う。ヤマメの群れについて知ることで、これまでとは違った感覚で釣りができると思う。シーズン初期から最終目標の尺ヤマメに到達する筋書きを描き、川に立つ。それによって新鮮に釣りが楽しめるだろう。

ヤマメの群れは、プールごとにまとまりやすい。それでもプールからはみ出す、群れから外れた個体も存在する。瀬が連続するエリアでも、大きく見ると1つの「棚」といえるような区間が存在するが、そこも群れの居場所になる。つまり川を見る時、その区切り方が重要になるし、それを判別できる能力も必要になる。

まずは釣りたい魚種の生態を知ること。前々回でそう書いたと思うが、まさにそこから考えなければならない。

僕たちが釣りたいのは「尺ヤマメ」だとする。ということは、まずはヤマメ自体の生態を理解する必要がある。

ヤマメは、基本的に丸2年で生涯を終える個体が多い。アユとほとんど大差ないのである。短命であるということは、すなわち繁殖時に相手を捜している時間は少ないと考えたほうがよい。したがって僕は、最初から彼らが群れで生活して

いて、そのなかで繁殖相手を決めていると考えている。これは大河であっても渓流であっても同じで、渓流の場合は群れの形成が一定区間ごとになり、大河は1つのプールに絡んだエリアごとになる。大量のエサを取って大きくなるのも本能だが、仲間と離れず繁殖まで成熟して最後を迎えるのも本能なのだ。

思い出してほしい。秋の禁漁前に集中的に当歳魚がフライにじゃれてくる区間が点在していると思う。そのように初期ほど群れは数多く存在し、個体数も相当多い。それが冬を越し、何度かの大水を通して個体数が減っていく。そのなかでエサ取りの優劣が決まっていき、成長の早い遅いにつながっていく。

ただし、それで負けた個体でも、群れからは離れようとしないのである。適当な距離を保ちつつ、あわよくば最良のポジションを奪わんと、好位置が見えるところに付いているのである。

このような事例は、渓流域の大プールに限られる現象かと思っていた。しかし本流域を釣り続けていて、釣れ方から察するヤマメの位置などから、まったく同じではないかと思うようになってきた。

僕のホームリバーでもある役内川は、本流域でもプールといえるほどの大場所はほとんど存在しない。遠目に見るとほとんどザラザラに見えるような瀬続きの川である。このような川にもやはり「棚」が存在し、大きな意味で魚がいる区域が分けられているのである。

ポイントに見えるところは無数にある。だが少しでも魚が出ないと、全部がいないポイントに見える面白い川である。このような川ですら、群れが明確に存在するのである。この川では群れが「棚」によって分けられている場合が多く、それを把握することが群れの位置や魚の量を確認する術になる。これは数多く川に通えて、条件のよい時に当たってみないと感じ得ないことだろう。だがここ数年、僕の経験の集大成として、確実に群れがあると断言できる。

渓流では、1尾釣れると周辺でまた釣れたりする。本流ではライズを発見すれば1尾だけということのほうが少ない。たとえその時は1尾だけのライズだったとしても、スーパーハッチなどの流下があれば相当数がまとまってライズするのが普通だ。これらはシーズン前半ほど分かりやすく、群れがいる場所や個体数、最大魚の大きさに至るまで見えることが多い。これを活かして最盛期から終盤につなげていくのが、尺ヤマメ釣りの戦略と考えられる。

シーズンも7月に入ると最盛期を迎え、成長したヤマメは尺を軽く超えてくる。この時期までには大雨や増水は繰り返すし、高水温にもさらされる。当然ヤマメの個体数も減り、バラバラに点在してしまっているかのように見える、だが、実はそうではない。ますます魚体は成熟し、繁殖のための本能が騒ぎ出すため、ほかの個体を確認できる範囲で自分のエサ取り場を確保するようになっているだけだ。群れの範囲は広がるが、群れであることに変わりはない。

「棚」というと、落ち込みなどの段差で区切られたエリアを想像してしまうが、実際にはさまざまなパターンがある。写真に見える段差は、一見すると「棚」の境に思えるが、そうではない。このような落差の低い落ち込みは、むしろ群れの活動範囲である「棚」の中心であることが多い。増水時などに避難できるこのような落ち込みを中心に、上下 20 ～ 30m が 1 つの群れのエリアと考えられる

だらっとした流れに見えるが、奥（上流側）に見える若干流れの速い場所から続く、この 40m ほどの緩やかな流れが「棚」の一例。このように「棚」のパターンはさまざまであり、それを見分けるには慣れが必要だ。この役内川のような変化の少ない川では、特に判別が難しいだろう

この魚の下流2mほどのポイントに、メスと思われる魚が付いていた。そちらは残念ながらすっぽ抜けに終わったが、その後でこの33cmのオスが釣れた。時期は9月中旬のことである

問題は大水の後である。もといた場所に留まれる個体は少なく、当然ほとんどのヤマメたちはバラバラに流されてしまう。繁殖という目的において、ここが魚にとっての危機になるわけで、水が引いた後に彼らは一気に動く。この行動が「差してくる」という表現につながるのである。実際は、繁殖のための群れを再構築しようと魚止になるような流れを目指して、いっせいに上るのである。当然、荒瀬の下の大場所や堰堤下、滝下などが集結ポイントである。

ただし、逆のパターンもある。落ちたヤマメが溜まる大プールや堰堤のたまりなどがあると、そこで魚たちは仲間に出会えるため安心するようだ。そうなると渇水、高水温の酸素不足までは、そのプールで留まり続けることになる。これもまた、夏の大水後のねらいめになる。

そしてこの居場所が変わった瞬間は、今までそのヤマメたちが蓄積してきた釣り人から釣られない術を、すべて吹き飛ばすことになる。それによってエサ釣りにも、ルアーやフライフィッシングにも、爆釣の瞬間が訪れる。この7月以降の大雨による増水が、数は当然であるが、最もエサを取りたい大型のオスが釣れる最初のチャンスとなる。

オスが釣れる日 メスが釣れる日

話は少しそれるが、8月に入るとオスが釣れる日とメスが釣れる日が明確に分かれてくるのが普通だ。当然１００％の確率ではないが、70％くらいの確率でオスの日はオス、メスの日はメスが釣れるようになるのである。これは僕の推測だが、魚の体の変化に関係しているように感じている。

まずはメスが卵の成長を促すべく、7月末から8月頭あたりに荒食いに入る。その後、卵が一気にふくらみ胃を圧迫するため、体幅を広げる魚体の変化が起こる。これを産卵の10月上旬まで数回繰り返していると思われる。

オスはやはり7月末あたりから口吻（こうふん）が伸び始め鼻が曲がってくる。これはオス同士の争い用で、セッパリになり筋肉質になるのもそのためだろう。当然、その筋肉を作るためにはエサが必要で荒食いするのだ。これも魚体が変化する数日は、やはりぐあいが悪いのかエサを取れないようだ。メスより頻繁にエサを食べる日、逆に食べない日を繰り返していくのである。個体差があるため、まったく釣れない日は少ないが、9月に入るとさらに顕著にこのような傾向が表われる。

このような傾向のなか、我々は釣り続けるわけだが、そのなかでもチャンスの芽は散りばめられている。9寸オーバーのメスが釣れたなら、上下左右ほぼ10mの範囲に尺のオスヤマメがいると思って間違いない。ただし先述のように、オスが口を使う日とメスが口を使う日は、必ずしも一致しない。そのため同じ日にオスも釣れる保証はないが、数日の範囲で、そこで釣れるチャンスが間違いなく来るのである。

左頁写真の魚の3mほど上流にいた、おそらくつがいと思われる31.5cmのメス。オスが釣れた後日、この魚が9番の黒虫フライ（ゴミムシの仲間を模したフライ）をくわえた。ちなみにつがいは、オスよりもメスが若干小さいことが多い

本流域ではオスのほうが断然大きく成長しやすいため、僕がねらうのはオスのヤマメとなる。数尾のメスにデカイオスヤマメが1尾は付いていて、9寸程度のオスたちは数尾射程に入っているように思う。秋になると数は減るが、やはり群れでいるのは確実で、その居場所を釣れた1尾のヤマメから判断できるのだ。簡単にいうと、1尾釣れればその前後に絶対大ものも潜んでいるのである。

ただ、僕はドライフライオンリーの釣り人のため、最後まで魚を出せないことも少なくない。単純に取りたいならいろいろな方法もあるだろうが、ドライフライマンである以上、それ以外の手法で取っても感動できないのである。明るい時間にドライで魚を出すことこそ至福であり、尺ヤマメは、それ以外で取るのはもったいないと思う。もちろんこれは、個人的趣味なのだが。

＊

僕がなんとなく感じていることをつづってきたが、問題はこれをそれぞれがど

右頁写真のメスとつがいだったと思われる34cm のオスヤマメ。こちらは８月後半に釣れた。本文にあるようにオスとメスでは口を使うタイミングが異なるため、近くにいても同じ日に釣れるとは限らない

のようにとらえて、自分の釣りに活かすかだろう。まだ解禁して間もないが、すべてはその川のヤマメが確認できた瞬間から始まっているのだ。そしてヤマメは必ず群れで行動していることを肝に銘じて、禁漁前まで追いかければ、大ヤマメにきっと近づけると思う。意味こそ微妙に違えども、オスの大ヤマメをピラミッドの頂点とした大小さまざまな群れが、川には無数に点在している。時には尺を超えるヤマメが10尾以上も混じる群れも、大河川では珍しくない。

ねらうは1尾であるが、1尾ではない。つまり本命の良型オス1尾だけでなく、ハーレムの場所を的確に見つけ、そのなかで大ものの付き場をピンポイントで捜し出す。そして出るタイミングは限られるため、自信のあるフライで、自信のあるタックル、システムで一気にかたをつける。

そのような妄想を抱きながら川に向き合ってみると、新鮮にも思えるし、また釣りの幅も広がるのではなかろうか。

遺伝の話

魚と釣り人の関係は、釣り人の工夫に
魚が追いつくということで常に更新されていく。
ライズの釣りはその典型だ。

3月20日に行った鬼怒川のポイント。遠浅で流れがゆるく、早期におけるライズの釣りには最適なポイントの1つ

2014年解禁の風景

2014年シーズンがいよいよ始まったが、どうも冬の天候不順を引きずっているようで、よい解禁にはならなかった。3月1、2日に鬼怒川に入ったが、初日に1尾（8寸程度）釣ったのみ。中旬から関東南部を皮切りに4日間北上してみたが、29㎝が最高（いきなり釣れたのだが、その後もっとデカイのが釣れると思い、写真は撮らず……）で、どこも雪代の影響を受け好条件には恵まれなかった。最終日の20日、寒い雨のなか、鬼怒川で27㎝を頭に7尾釣れたのが最もよい釣りだった。

気象の悪条件は、確実にシーズンの短縮につながる。不思議なもので、自然はどこかでバランスをとるもの。春先の冷え込みを補うかのように、突然の高気温に見舞われたりする。近年ではゲリラ豪雨なども到来し、さらに釣りの条件を悪化させ、春の釣りのタイミングはわずかなチャンスに限られることも多い。

このような気象条件は、釣り人にはどうしようもないくらいの規模で起こってしまうことが多い。自然には抗うことができない。状況を受け入れながらも、チャンスをうかがいつつ、平常に戻ることを待つのみである。

前置きが長くなったが、今回は遺伝についての話である。とはいえ、難しい生物学の知識は必要ない。あくまで釣り人の観察によるものなので、1つの仮説として読んでもらいたい。

初めて見るフライを なぜ見切るのか？

10年以上前からずっと話していたことではあるが、どうしてライズしている魚は、解禁日から楽に釣れないのだろう？ かつては、少しフライを小さくしただけで釣れていたような気がしたものだ。だが最近はしっかりマッチさせないと、反応はしてもガップリ食ってこないのが普通である。

解禁日前まで、彼らはまったくフライなど見ていないはずだ。それなのに、簡単に釣れることは少ない。10尾以上の群れでライズしていても、2尾ほど釣れると号令をかけたかのようにフライに出なくなる。しかも、釣れなくてもライズは続くことが多い。悩ましくも楽しいところではあるが、この現象は常々不思議に思っていた。

大先輩でもあるTさんは、警戒すべき情報が遺伝子で子孫に伝わっているのではと、かなり前から話していた。僕は流下量と流下物の変化、プラスその場における人為的プレッシャーによる影響が大きいのではないかと反論していた。反面、どうしても自分の理論では解明できない場面にも何回もあっており、疑問を抱えつつも現在に至っていた。

そのTさんから連絡があったのは、3月末のこと。

「新聞にマウスによるストレスの遺伝性の実験の検証が出ていた。やっぱり、前から思っていたこともあながち間違っていなかったんじゃないの？」とのことである。内容としては、マウスにある音楽を流しながらストレスを与え続けると、その子孫が音楽を聞いただけでおびえだすとのことだった。

なるほど、そのようなこともあり得ると考えるなら、かなりすっきりと今までの事例がつながってくる。自然繁殖の多い河川で、それが明らかな個体が釣りにくいのもうなずけるのである。

上／鬼怒川で解禁を迎え、初めて手にした良型のヤマメ。もう少し大きな魚を見たかったが……

下／早期の鬼怒川で、魚の胃の内容物を確認した。まずは３月１日の解禁日、25cm ヤマメのもの。ユスリカやコカゲロウ類が主体で、この魚が釣れたのはグレースペントの 17 番だった

条件の悪い時に無理に釣ると、あきらかに放流個体（稚魚放流や発眼卵も含む）であることが多い。好条件下で、フライもベストマッチしている際に、ワイルドな個体が釣れてくるようなイメージがあったのである。単純に個体数の差だけではないのでは……。そんなモヤモヤ感が、ようやくなんとなくではあるが、すっきり見えてきたように思えた。

よく考えると、アユ釣りの人たちの「最近のアユは群れてばかりで釣れなくなった」とか、源流でイワナを釣る人の「イワナ釣りが年々難しくなっている」など、近年の釣りの難しさを嘆く声は珍しくない。これはフライフィッシャーにも充分に当てはまる。ベテランほど過去のよかった話と、最近の釣れなくなった現状を嘆く。

自然に繁殖している魚に限っていえば、釣れなかった、もしくはかろうじてハリから逃れた魚たちの子孫が、現在居着いている個体である。そういう強い個体ほど、遺伝子に〝釣られなかった行動パターン〟が受け継がれており、釣りを難しくしていっている可能性もあると思う。逆にヤマメやニジマスなど、放流が多い種はその傾向が弱く、早い者勝ちで釣られる傾向があるともいえる。

ただし放流魚は釣れやすいかといえば、そうではない。最初は、たしかに簡単に釣れる。しかし放流魚は群れで同じように食事をとる行動パターンを、それこそ遺伝的といってよいほどに受け継いでいる。つまり群れの行動を決める号令のよ

P48 写真のほぼまん中、流れの波立ちが鏡になる境目くらいで９寸ヤマメが出た

うなスイッチを、兼ね備えているように感じるのである。

　前回でも書いたが、繁殖期まで群れでいようとすることも、遺伝的なものであると考えられる。アユたちが群れるようになり、ナワバリ意識が弱くなっているのも、遺伝によって説明ができるような気がしてならない。すべては生き残っていくための進化だと思えば、このような考え方を釣りにも活用できないものだろうか。

悩ましいあの鳥の対策「1ウ1石運動」とは？

　話は変わるが、最近はウの被害を各河川でよく耳にする。かろうじて、自分の地域では見ることがないが、生息範囲は広がっているというから困ったものである。成魚放流の多い河川の漁協の苦労話はよく聞く。なかには「ウのエサを撒いているようなもの」とまで言う人もいる。保護鳥が害鳥に変わって増え続けても、

3月20日、鬼怒川で釣った9寸ヤマメ

手をこまねいている行政にはあいかわらずうんざりする。

だが先日、高知の野鳥保護団体に所属し、釣り人でもある方の意見を聞いたので紹介する。それによると、ウは殺さなくても数は半減できるというのである。おっ！ と思い、それはどのようにすればよいのかと耳を傾けた。

その方法はとても簡単で、その地域の方が「1ウ1石運動」をすればよいというのだ。なにそれ……？

そう思ったが、つまりウを見たら誰もが小石を1個でよいからウに向かって投げればよいという。ある地域では実践されているらしく、子どもたちも率先してウを見ると石を投じるらしい。

正直「それって当たらないでしょ？」と思ったし、一時的に散らすことにしかならないはずだ。そう伝えると「いやいや、1羽のメスが産む卵の数が40％まで減るんだよ」と教えてくれた。

それが事実かどうかは、僕自身が書類やデータを見たわけではない。だが実験

▶3月20日、9時半ごろに釣った1尾目の胃の内容物。サイズは8寸クラスだった。ライズをし始めたタイミングであることをうかがわせるように、水面上のものは少ししか入っていない。ユスリカとガガンボ数匹が、ライズの対象物であると考えられる

◀右頁の写真、9寸ヤマメのもの。どまん中でライズを繰り返していたが、手前のライズに手こずったため、この魚に取りかかったのが11時くらい。この日3尾目で、最大魚だった。内容物からは、明らかにガガンボを食べているのが分かる。フライはもちろん、ガガンボスペントの17番

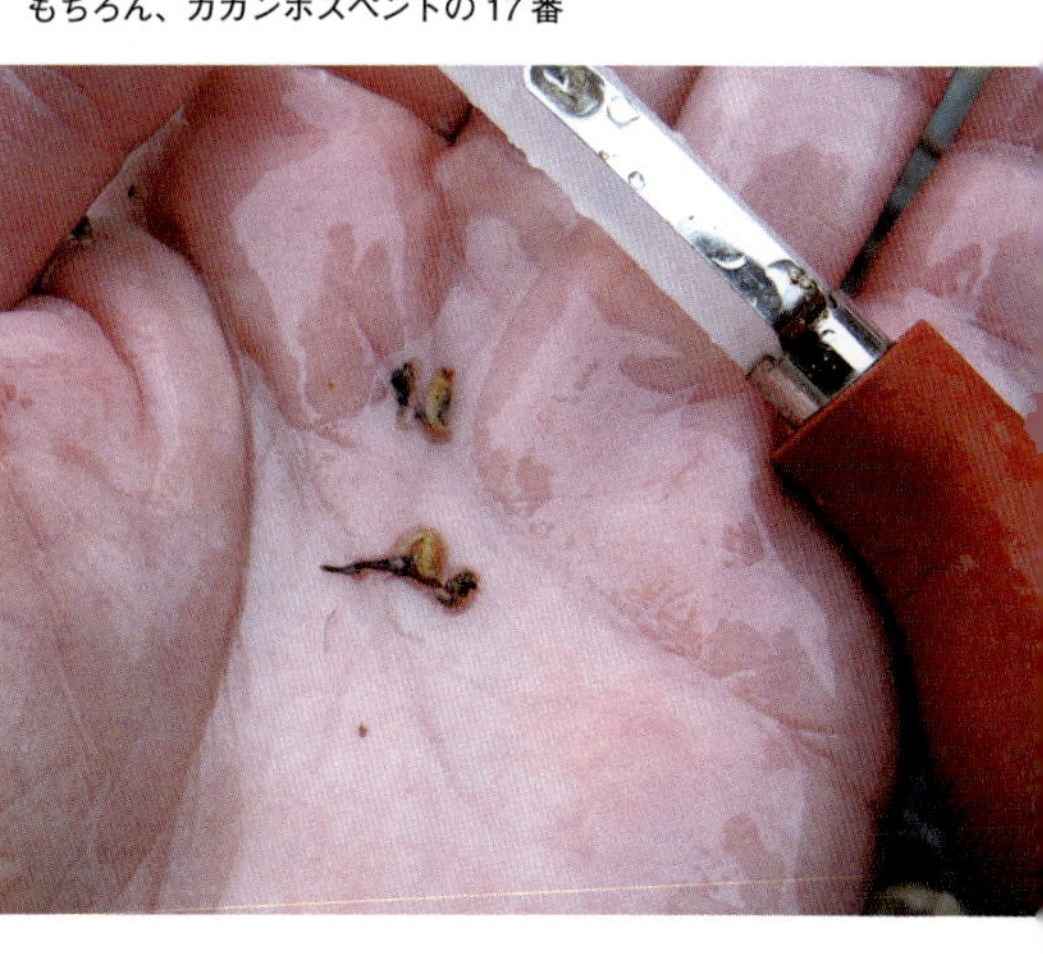

▶午前中のライズが下火になったため、午後からはポイントを変えて少し下流に移動。そこでライズを発見した。ガガンボパターンで2回失敗した後、ようやく出た魚の胃からは、フタバコカゲロウが出てきた。それに近いフライに変えて、8寸前後の魚を2尾追加した

データはちゃんとあるらしい。ようはストレスを与え続ければ、産卵数が減少するらしいのである。

　つまり鬼怒川などでよく見るように、漁協の方がロケット花火で脅しているのも、あながち無意味ではない。釣り人が増えてウが川にいる時間を減らすのも、多少の効果がありそうである。

　ただ、これはすぐに結果が出ることではない。個人的には、シカ、イノシシなどと同様に個体数の管理をしなければいけない、ギリギリのラインを突破していると考えている。

　それぞれの生物は、絶妙のバランスで生き残っている。増えすぎればエサが不足し、勝手に減るものだと思う。だが漁協としては釣れる釣り場を提供するため、魚を放流する。それがウのエサになり、減少の妨げとなるのは皮肉なことである。

　もちろんウも生きものであり、人間の都合で絶滅させてよいわけはない。だからコロニーを潰すなどの対策はできないだろう。だが、漁場に来た個体だけでも、

捕獲駆除できるようになればと思う。身勝手な釣り人としては早くなんとかしてほしいと思うが、偏らないような客観的な視点が必要だとも思う。

魚と釣り場の変化についていく

話が逸れたが、つまり生きものは外的な要因により、その子孫にまで影響が及ぶことがあるようだ。このような事例を釣りに活かすには、やはり考え方の変革が必要である。自然も魚も少しずつ変化するものだが、釣り人側も対応する必要があるのだ。そうでないと、同じような釣果を得続けるのは難しい。

ただ、魚の行動パターンは変わっていくが、魚たちの能力が大きく向上しているわけではないと思う。ある情報を魚が「危険だ」と認識したとすると、それ以前に危険だと学習していたことが、少し薄れていくように思う。

15年ほど前はフライを小さくしてティペットを細くしさえすれば、なんとなく釣れていた。その傾向は10年以上も続いていた気がする。しかしここにきて、再び大きなシルエットのフライが効果的であることが分かったり、さらにはまたそれに対してスレてきたりしている。ようするに周期的な変化を繰り返しているのである。もっとも人間も情報量だけは増えていくが、根本的な進化はほとんどないように思えるが……。

魚と人間の関係は、釣り人の側が新しいことを考えては、それに魚たちが対応（後追いではあるが）している。それが積み重なって、現在の釣りに至っているのである。もちろん変化しているのは魚だけではなく、釣り場の状況も同じであり続けることはない。それは人為的な変化であったり、自然によるものであったりする。ダムなどの問題もあるが、嘆いてばかりいても、楽しくなくなってしまう気がする。

新たに釣りを始めた人は、いつの時代でも現状を楽しんでいるはずだ。ベテランからの昔話、たとえば「あの川は以前はすごかった」、「あのポイントですごいヤマメが出た」などに興奮させられ、自分もいつか、と思うわけである。そのようなことを自分も繰り返していると考えると、今も昔も大差なく釣りというのは楽しいものなのだ。

釣り場やポイント、魚の生態などは必ず変わっていく。インターネットなどによって情報は拡散し、仮に桃源郷があったとしても、ずっと存在し続けることはない。しかし、魚がまったく釣れなくなったわけではない。釣り人は、常に変化に敏感であるべきだ。学習し、そして自らも変化し続ける必要がある。

釣れないことがあるから、釣り人は考える。データを蓄積し、さまざまな要素を考慮して、魚を捜しまくるのが楽しいものなのだ。テクニックに関しても、自分を客観的に把握して、足りない部分の補足に務める。そのようにして自分の釣りが進化していく過程こそが、面白いのである。

このように欠損のない、自然繁殖したと思われるヤマメは、解禁初期から簡単に釣れるものではない。セレクティブであり、まずはフライをベストマッチさせることが重要。フライの流し方にも注意しなくてはならない。また初期とはいえ、１回失敗すると一気にスレてしまうことが普通。自分でスレさせて、釣りを難しくしてしまうこともよくある

定位してライズする魚をねらっているところ。ライズが連続して起こる瞬間を待ったほうが、釣れる確率は増す。そのためにタイミングを見極め、フライのドレッシングを行ない、ラインを出しておくなどの準備を怠らないようにしたい

旬の食材

今回は山菜採りの話から始めよう。
それがヤマメ釣りとなんの関係があるのか？
ところが、大アリなのだ。

タラの芽。山菜と釣りを「旬」
という観点から考えると面白い
共通点が見えてくる

唐突ですが山菜の話を少し……

春になると山菜が食べたくなるのは、日本人としては当然の習慣だと思う。もう初夏になりつつあるが、東北ではこの時期からが山菜シーズンの本番を迎え、順番に旬の味を楽しんでいくことになる。

3月の雪解けの初めは、川岸のフキノトウを珍重していただく。田んぼの雪が消えたころからはコゴミやセリザク（茎の太いセリみたいな野草）、アサツキ、キノコではエノキダケなどがターゲットとなる。その後にウド、タラの芽、コシアブラ、ミヤマイラクサ、シドケ（モミジガサ）、ホンナ（イヌドウナ）と移行する。その後ネマガリタケ（チシマザサ）、ワラビ（これは早い時期から夏まで長く収穫できる）が出て、ほぼ夏を迎える。

思いついたままつづってみたが、全部美味しい山菜である。しかし、不思議なことに重要な種というのはある。そちらが出始めると見向きもせず踏んづけて歩く種類もあれば、ずっと最後まで採り続けるものもある。また、地方によって珍重されたり、まったく食べられなかったりする種もある。そのような地域性も、山菜やキノコにはあるのである。

簡単にたとえると、フキノトウはコゴミが出始めると無視されるようになり、コゴミはミヤマイラクサが出始めると無視される。ワラビやタケノコなどは最後まで採られる対象になる。地方によって違いもあるので、面白いものである。またそれぞれ出始めの時期は、細かったり短かったりしても採り集めてありがたがるが、盛期になると太くて最高の部分のみ収穫するようになるものである。

旬を追いかけるのは生きものの本能なのか？

さて、この話が釣りに関係するのか疑問かもしれないが、実はかなり似たようなことが、魚たちの捕食についても起こっているように思う。人が山菜を採るのと近い感覚で考えると、魚の偏食を理解しやすいと、以前から一部の方々には説明していた。

生物は複雑な体のものほど、多様な食物を欲しがるようだ。必要な栄養素が含まれる旬の食材を要求するのだろう。

タンパク質が主成分の虫でも、種類によっては違うミネラル分が含まれているのではないかと思う。そのため魚たちも、新しくハッチする虫に反応しやすいのではないだろうか。そのなかでも主食となる虫と、つまみ食い程度であとは見向きもされない種とに分けられる。しかも各河川の質によって、その種は微妙に異なる。これをその河川（あるいは地域か？）ごとに判別していくことができれば、フライの選択で先手を取れることになる。そして、ハッチの変化に対応した釣りが可能になる。

つまり、その河川で出る虫の順番と優先順位を理解すれば、かなりの確率でライズをものにすることができるはずである。ざっくりとした話ではあるが、そこを理解しなければフライパターンの話まで結びつかず、結局釣れないという結果に導かれてしまう。

先週の釣れた話は、今週は通用しないのが普通だ。今日釣れたパターンすら、明日は変わってしまうものである。つまり新しい重要種が見えた瞬間に、そのパターンを用意することが必要になる。ライズが始まったり、あるいは継続していてもライズフォームが変わったりするタイミングで、適切なフライをライズに届けるのが理想なのである。

自分の足もとにその答えが流れてきたころには、すでに魚はお腹一杯食っている場合も多い。フライの選択肢も狭くなっている場合がほとんどである。ドリフターを観察しても釣れないことがある理由は、おそらくそういう事情が関係するのだろう。本当に食べたい虫は、ほとんどが残さず食べられてしまうため、流下してこないのである。

また、流下する虫は左岸と右岸で違うこともある。流下チェックで得られる情報は、実際に流れている虫の、ごく一部なのである。

毎年、ほぼ同じ順番で虫は出てくる。時期こそ多少違えども、同じような水面への接し方の個体が、選ばれて食べられる。確実な答えはやはり、ライズを早くものにすることで得られる。ハッチのピークになってしまえば、虫の多さゆえの難しさと対峙しなければならず、確実性は下がってしまう。

ただしハッチの収束時近くでも、必ずチャンスが生まれる。その虫に執着していると思ったなら、最後のライズが終わる寸前にこそラストチャンスがある。期待している形で流下する個体が減っていくため、多少違う形で流下している虫も捜すようなタイミングが、わずかだが訪れるのである。その瞬間こそが、フライを食わせる隙になる。

こういったことをふまえて春からのおおまかな虫の流れを追ってみたい。

フライフィッシングの「終わり初物」理論

東北の場合で考えると、冬からユスリカが主食となり、増水時にはカゲロウ類の幼虫、ガガンボの幼虫が捕食される。

解禁ごろには、3月解禁であればユスリカへのライズがあるが、大ものはほぼ水中がメインでクロカワゲラのスーパーハッチの時のみ、水面へ顔を出すことになる。これは年によって起こらない可能性も高く、例年期待するレベルではない。

4月には雪代が入り水中流下がメインになるが、濁りの少ない川ではマエグロヒメフタオカゲロウやオオフタオカゲロウ、ナミヒラタカゲロウへのライズは起こる。まず、これが第一の旬の食材といえる。ユスリカとクロカワゲラの麦飯みたいな主食から、いきなり焼き鳥が流れてくる感じなのだろうか（表現はご容赦ください……）。それが過ぎると、ガガンボやコカゲロウは混じるものの、水面

今年初の尺ものとなったこのアマゴは、4月中旬に山梨県某河川で釣った32.5cm。19番フタバスペントでの釣果

奥のエグレ、陰になった部分にいるかと思って魚を捜す。だがそこでは確認できず、手前のバブルラインでゆらめく魚体が見え、ねらったら一発で出たのが上の魚

尺に少し欠けるサイズだが、川辺川の本流ヤマメ。9番の黒虫フライでの釣果。上の魚と同じ時期だが、地域によってまるで違うパターンが有効なことが分かる

への捕食はやはりユスリカとカワゲラがメインになる。

5月に入ると急に、オオクママダラカゲロウがいっせいにハッチを始める。これはとんかつのような感じだろうか？川にいるほとんどの魚たちが興奮し、水面を意識し始める。その後、オオマダラカゲロウのハッチが魚の高活性に拍車をかける。

さらに気温が上がると、テレストリアルの時期に突入する。テレストリアルに入った途端、魚たちは我先にとビートルやアントを捕食する。これらは牛ステー

キのようなイメージなのだろう。

この流れは、大ものに関しての話である。いずれにせよ変化の瞬間を察知することと、大量に流下した場合の必殺フライを持っておくことは、その釣り人の生命線となっているはずだ。

さて、今度は北関東の鬼怒川で季節を追ってみよう。やはり年明けから魚たちは、ユスリカをメインに捕食していると思われる。解禁付近からガガンボのハッチが増え、解禁時にはユスリカ、ガガンボ、コカゲロウの複合ハッチが捕食される。

3月中旬にはオオクマがハッチし始め、下旬にはアカマダラカゲロウ、4月に入るとシマトビケラなどのカディス類、オオマダラ、ヒラタ類、そしてメインはエラブタマダラカゲロウになる。

5月に入るとモンカゲロウとチェルノバマダラカゲロウが加わり、ハッチは終盤を迎えるのが通例である。もちろん上下流での違いはある。

さらにカゲロウ類の場合、ハッチがあれば必ずフォールがある。ダンの釣りとスピナーの釣りが共存していくので難解なのだが、川面をしっかりと観察していれば、その違いは明確に分かるようになっていくと思う。

このなかでどちらの場合でも、ハッチ（流下）の変わり目を見極めれば、チャンスは倍増する。そこを逃すと、食べている虫が分かっていても苦戦することになる。

このように魚たちも、僕らが山菜採りをするのとまったく同じような感覚で、食べる虫を選んでいる気がしてならない。食べ始めはその虫を個体差も選ばず、とにかく捜し回って食べる。ハッチのピーク時には、自分の好きな姿勢や大きさ、太さを選んで食べるわけだ。

僕らの地方では、山菜について「終わり初物」という言葉がある。その山菜が出始める時期はもちろん珍重されるが、終わる瞬間にも、それを惜しんで食べたくなるものだ。魚たちも同じように、その虫の出始めに競って捕食する。そして終盤の時期にも、その種を捜し回って食べている気がする。つまり終盤も、実は大きなチャンスになるわけである。

それぞれに虫について詳しく解説するときりがないが、おおまかにいえばこのような流れになる。釣りは、虫が特定できれば釣れるという簡単なものではない。魚の脳は小さいが、旬を欲する人間の気

この日釣れた魚のストマックを確認すると、ほぼオオクマ・スピナーのみの捕食だった

去年（2013）の5月下旬、米代川で釣った35・5㎝のイワナ。よく太った体型から見て、エサを食べ続けていたのは明らか。フライはP62のオオクマ・パラシュートスピナー

持ちと通ずるものがあると感じている。それはもしかしたら、生きものの本能なのかもしれない。

魚たちは陸生昆虫がお好き？

この本が出るころには、もう5月の後半だ。東北でも本格的にシーズン到来という時期である。当然、今までの話からいけばオオクマかオオマダラの時期に入っていて、昼前後にはそれらへのライズも期待できる。だが、最重要種はテレストリアルなのだ。

もちろん見えているカゲロウ類が食べられているなら、それに従うべきである。しかしそれが確認できない時には、いきなりビートル系が効果を発揮する。東北では温度が一気に上がり、あらゆる虫たちが短いタイミングで動き出す。ハッチがない場合でも、意外にテレストリアルが流下しているのだ。

ハッチの最中であっても、なぜかテレ

ピーコックパラシュート　7～13番
渓流では11番前後が使いやすい。雪代が収まるのと同時に効果を発揮する

フライングアント　11～21番
季節によって大きさと色を変える。雪代の終わりからシーズン終了まで有効。僕が思っていた時期より、早くから有効なようだ。巻くボリュームによって、釣り上がりからライズねらいまで対応できる。さまざまな雰囲気のものを用意するとよい

オオクマ・パラシュートスピナー　11～15番
13番がメイン。手返しのよさから、フラットな水面以外ではパラシュートを使うことが多い。パラリと長めに巻いたハックルがイミテーション性も高く、東北の初夏の必携パターンである

ストリアルだけは食ってくれることは珍しくない。悩んだらピーコックパラシュートやアントなどを投じてみるのも、攻略法としてはありだろう。ビートル（甲虫類）の硬い前翅に覆われた感じは、いかにも腹持ちがよく高タンパクで、エネルギーを生み出す物質が多いような気がしてならない。流下するテレストリアルは、魚たちにとって重要なエサだと思う。

そういうわけで、この時期に近年信頼しているパターンがピーコックパラシュート（#7～13）とフライングアント（#11～21）である。以前はさまざまなピーコックパラシュートを巻いていたが、近年はどんどんシンプルになっている。ピーコックのぼってりボディーにハックルを巻いただけのパラシュートだ。巻くのも簡単で量産しやすいし、単純にイミテーション性も高いのではないだろうか。

アントパターンは、5月末からフライングアントを使う確率が高くなる。禁漁まで、サイズと色（黒やシナモン）は変化し続けるが、流下は続く。水面上に完全に乗ったものを捕食することが多く、ソラックスタイプへの反応がよいように思う。夏の連続ライズでも信頼の置けるパターンなのであるが、初期の少し大きめ（#13前後）での釣り上がりでも効果を発揮する。

すべての釣りは、その川のみでやっていると1年に1回きりの釣りである。それを大事に楽しめるかどうかが、旬を楽

しめるかどうかでもある。時間の制約もあると思うが、可能な限りフィールドに立つことこそ、釣りの幅を広げてくれることになる。そしてフライフィッシャーを、深い楽しみへと誘ってくれるのである。

6 月上旬、荒雄川の 36cm。ボサ下の緩い流れで、吸い込むようなライズを繰り返していた。使用フライは 11 番のフライングアント

上の魚のストマックを見ると、この時期には珍しく大型の羽根アリ（フライングアント）ばかりが出てきた。足もとの流れにも羽根アリが数匹確認できたが、この時期でも有効なパターンだというのは新しい発見だった

東北ゴールデンウイーク

フライフィッシングにおける東北のＧＷは、
５月大型連休後から秒読みに入る。
そのベストタイミングはいつ？

東北では、つい先日が菜の花が満開だった。
四国に比べると２ヵ月ほども遅い春

まだ水量が多い状況では、魚が出る場所は限られている。反転流がポイントの中心になる

一足遅い東北の盛期を読む

関東以南の釣り人にとって、ＧＷはまさに黄金の週間だろう。河川の水況、魚の活性ともに、このころはベストであることが多い。もちろん九州などは事情が異なるし、他のエリアでも多少のズレはあるだろうが、大型連休と重なるタイミングで、釣りもよくなるわけだ。

そんなＧＷが終わった後に、必ず東北にもフライフィッシングにおける黄金週間が巡ってくる。暦のＧＷ中によくなる小河川もあるのだが、中規模河川以上となると決まって5月の10日以降に状況は上向く。目安は標高１０００ｍ級の山頂の雪解けである。もちろん東北のなかでも、地域によって誤差はある。それは、地元の人だけが知るおいしい知識ともいえる。

僕にとっては、自宅から北西に見える東鳥海山が指標になっている。１０００ｍ足らずの山ではあるが、山頂の東斜面

会心のキャスティングで出た大ヤマメは、この日の白眉

が伐採されていて、最後まで雪が大きな塊となって見える。それが最後の1～2割までなくなりかけた瞬間こそ、中規模河川の雪代落ちとなり、シーズン最初のベストタイミングを迎えることとなる。

いい期間は、1～2週間と短い。だが川の選択を間違えなければ年間の最高尾数や最大サイズを記録することも少なくない。この時こそが、フライフィッシャーにとってのGWなのである。

ただし今年（2014）は、前年度の雪の多さと林道の修復ぐあいから、難しい判断を強いられた。早い年は10日からなのだが、今年は25日スタートの感じだった。2週間の遅れを、そのまま引きずった感がある。年によって違いがあるということは、それを読む面白さもある。早い年は、GW最終日くらいということもあったと記憶している。

ベストタイミングで釣りができるのは、やはり地元にいる者の利点。その後も気持ちよくシーズンをすごせるかを占う意味でも、僕は大事にしている。

ブラインドで会心の釣り

今年は5月中旬まで、関東の戻りヤマメをねらっていた。そのため出遅れたかと思ったが、友人の情報では18日でようやくドライに出始めたのこと。戻りヤマメには出会えなかったので運がなかったと思ったが、なんとなく帳尻が合ってきたようにも感じた。

友人は日曜日しか休めないため、翌週の25日に同行していただくことにした。いよいよ今期初の東北本格始動である。

水量は通常の2倍ほどあったが、水色は限りなく透明に近くなっていて、浅瀬はほぼクリアに見える状態。気温が低いことが懸念材料ではあったが、林道を歩いている最中から浮いているヤマメ、イワナが見られ好釣果は確定的となった。

林道は荒れていて、落石や倒木などが無数にあった。僕はナタで細めの枝を払い、友人はノコギリで太めの倒木を切り、林道整備しながらの歩きである。かなりの労力と時間を使うが、山菜採りも少なくなり、近年の山は荒れる一方だ。後々自分が楽に歩けるためだと思い、ここ数年ヤブ払いを続けている。

さて、久々の渓流釣りだが、1投目から9寸級のイワナが釣れて楽しさを再確認できた。昼前にはオオクマのスピナーがフォールし始めて、ライズも見られた。たまに尺イワナや9寸超えのヤマメがラ

理想どおりに出た、渓の34.5cm

イズしていて、サイトフィッシングも楽しめた。

いつもの尺ヤマメプールが沈黙していたが、同じ川でもポイントごとにシーズンインのタイミングが違うからだろう。日当たりや、支流の流入など区間ごとに大きく反応が違うのもこの時期の特徴かもしれない。それを早く察知して釣りに活かすことが（出ない区間は要所のみを流し、釣れ出したらていねいに釣る）、効率よく楽しむコツかもしれない。

僕にとってのクライマックスは、左岸の岩盤からツルが垂れ下がったポイントで訪れた。流心には投げることができず、右岸の反転流にフライを乗せて流心間際で捕食させるのがねらいだった。岸からも枝が張り出していて、空間は1mほどしかない。しくじる可能性は高いが、魚影は見えていないのでリラックスしてキャストできた。1投でうまいこと理想のレーンを上流に向かってドリフトしてい

34.5cm が出た日の、イワナの胃の中身。ストーンフライ、オオクマのスピナー、ハエ類、アリ、甲虫、クモなど

数日後にストマックを見ると、オオクマがメインだった。その他アブ類、カジカの卵、ストーンフライ、羽アリなどが入っていた

このたくさん見えるのが、おそらくテントウムシ類の幼虫。これが流れてくるとドライフライでは厳しいが、オオクマのスピナーが入っているのに注目してほしい。この日はこれが頼みの綱で、これを模したフライで釣れてくれた

友人が釣った34.5cmのイワナ。
オスらしい、たくましい顔つき

った。自分でも「毎回これくらい精度があったらもっと釣れるのにな」と思ったキャストだった。

想像どおりにフライは流れ、流心間際で大きな三角形の口が見えフライを飲み込んだ。このような妄想あるいは理想が現実となることが、釣りの満足そのものだろう。常にそれを目指すわけだが、思うようにはいかない。それを可能にすべく、キャストやシステムを整えフィールドに向かうわけである。

案の定、その後に浮いてパクパクやっていた尺ヤマメは見事に1投目をしくじり、ドラッグが掛かった瞬間に出てしまった。見えているとなぜか気持ちがブレるし、キャストもブレる。いつまでやっていてもこの緊張はなくならないから、この遊びを続けて楽しんでいられるのかもしれない。

2日後からは、一気に東北も気温が30℃を超える真夏日に突入した。魚たちの活性もピークである。ここからの数日間は、まさにGWというにふさわしい釣れぐあいになる。各反転流には尺イワナが浮き、プールの流心ではヤマメが浮いてライズを繰り返す。ていねいにやっていると1日がわずかの区間であっという間に過ぎ去っていく。連日尺イワナの乱舞であった。

毎日数組のフライフィッシャーを見かけたが、きっと彼らも最高の時間を楽しんだと思う。このような状況は川を変えても一緒であり、回り切れないのがもどかしい。

いい期間は不思議と長く続かないのが普通で、突然ドライに反応しにくくなる日が来る。イモムシ類の大量流下（今回はテントウムシ類の幼虫だったが、ブナムシの場合もよくある）などは、そのきっかけになることがある。魚たちがそれに執着してしまうのだ。ただし、それも次の日には解消して、またまたドライフライに出たりするから面白いものである。

このようなことを繰り返しながら、最初の東北ピークは徐々に収束していく。今年に限っていえば、１０００ｍ級の源頭から流れ出る川と、それ以上の標高から流れてくる川とで、大きく雪代のぐあいが異なっている。例年は順番に回れるのだが、今年は間が空いてしまい、少しの休憩が必要のようだ。東北では珍しく梅雨の長雨となっているし、2週間ほど風が強い日が続いている。この雨風が治まる6月22日ころには、すべての川が本格始動するはずである。

期待の本流から爽やかな源流まで

うっかりしていたら……というか本流の水量が落ちるのを見定めていたら、季節だけは確実に進んでしまっていたようだ。釣ったヤマメからはフライングアント、羽アリが出てきた。オオマダラも期待していたがとっくに終わったらしく、夕方にはコウノマダラのハッチが始まっていた。

さて、今年のホームグラウンドの本流ヤマメは、どのくらいの量とサイズなのか？　去年がよかっただけに期待できないかもしれないが、その時のイメージが残っているので、しばらく期待感を持って釣ることができそうである。地元の釣りが始まるころには、冬のブランクの影響もなくなり、キャストも安定して気持ちよく釣り上がれるようになる。

次回は本流や、本格的な源流のスタートのようすを伝えることができればと思っている。

新緑の東北の渓流。すべてが躍動的で期待感に満ちている

落差のある渓流でも、すでにイワナたちはやる気になっている

同行者が釣った泣き尺ヤマメ。プールの中心でライズを繰り返していた

小さな流れの合わせ目で釣れた35cmのイワナ。この時期にはめずらしく、ブラインドで釣れた1尾

全河川開幕

7月、秋田県南内陸部の源流域は本格的にその扉を開く。
アブが出る梅雨明けまでのこの時期は、
日帰り源流行も楽しい。

光のシャワーが心地よい成瀬川の源流。こんなシーンに遭遇できるのも、源流の魅力

よいシーズンは1年置きに訪れる?

今シーズン（２０１４）の東北では大雪と春の気温低下に悩まされ、さらには長雨に猛暑が到来。状況が読み切れないまま梅雨入りして、知らぬ間に……というわけではないが渇水になってしまった。

前回書いたように、1週間ほどの絶頂期はあったのだが、その後ほぼ時期を同じくして大河川の上流も水が落ちてしまった。結局、よい瞬間をとらえることは難しかったように思う。

東北全体の傾向として、本流域は難しく魚影が少なく思えた。去年がよかっただけに特別悪く感じるが、実際はこのような繰り返しであることが多い。

本流のヤマメはだいたいが2歳で成熟するため、よい年の親魚が生産した魚は1年おきに増えるような気がしてならない。ほぼ決まったように、よかった年の次はよくないのだ。最近顕著にその傾向が表われているように思える。

それでもちょっとした暇を見つけては、本流を探ってみた。すると数は出ないものの25~26㎝の丸々としたヤマメが多く、9寸超えも何尾か混じった。これからの雨のぐあいしだいでは、大ものが釣れたという報告が出るのも近そうな気がする。

例年のことだが、魚のコンディションを決める最大の要因は、7月以降の雨の量と気温の推移である。雨は多いに越したことはないが、災害規模になっては困る。ほどほどの増水を繰り返しながら、高い水位で安定し、濁らなくなるのが川の状態としては最高である。さらに冷夏が加われば、下流でも酸欠になることなく成長して、ヤマメは全体的に巨大化する。こういった条件を満たしたのが、去年の僕のホームグラウンド河川だったわけだ。

過去に記憶がないくらいの好条件だったので、今年もというわけにはいかないだろうが、期待はしてしまう。アユも解禁して渇水状態なので、今後もしばらくはようすを見たい。

甲虫類の羽化でイワナも活発に

源流域にもようやく行けるようになったが、6月末の時点ではどうもスノーブリッジが多く、峡谷には入れていない。各所にあるせいで、水量は安定しているものの、昼前後には時折濁りが薄く入ってくる。どこかで残雪が崩壊しているものと思われる。

それでもやはりイワナは例年安定感があり、まったくダメだったということはほとんど記憶にない。いっせいに水面がにぎやかになる瞬間をつかめば、やはり尺イワナの連発を楽しむことができた。成瀬川上流も例外なくチャンスが訪れ、何回か楽しませてもらった。やはり気温が高めで、日差しのある日の日中が最高に反応がよい。

甲虫類も動き出し、いよいよクワガタのメスまで羽化時期のようである（クワ

岩手県の川で淡水の二枚貝を見つけた。カワシンジュガイかと思ったが詳細は不明。いずれにせよ、豊かな生態系が残されている川なのだろう

スジクワガタのメスと思われる。東北も、そろそろクワガタやカブトムシの季節になる

ガタはメスの羽化が早く、オスは遅れて羽化するらしい。これは嶋崎了さんに聞いた）。

大型のストーンフライもこの時期にハッチして、水面羽化ではないのだがよく水面に落ちて流下する。イワナはこれらを集中して捕食するわけで、大ものほど流心に出ていることが多い。

6月はスクール、ツアーと盛りだくさんで、ひとりで釣る機会はほとんどなかった。だがお客さんに釣っていただくのも、してやったり感はあるものである。今年は「尺ものをまだ釣ったことがない」という方々に、まとめて尺イワナを数尾ずつ釣ってもらうことができ、喜んでいただいたようだ。僕も魚影確認のために少しやったが、それでもかなりの尺超えが出て楽しめた。

昨年の大雨でポイント捜しの楽しみが

それにしても東北北部の、昨年の大雨被害は甚大である。玉川水系、雫石川水系、米代川水系、馬淵川水系など見て回ったが、場所によっては荒野のようで、かつての面影もないような箇所まである。釣ってみると魚はいないわけではないのだが、とにかくポイントが変わってしまい、つかみどころがなかった。あちらこちらで工事が行なわれており、濁りも入ってドライフライで釣る環境としてはよくない。しかしほかの釣り方では釣れているそうなので、川が安定して清流が戻るまで、しばらく静観するしかなさそうである。

それにしても魚たちは、よくあれだけの増水にも耐えているものだと感心させられる。たしかに数は少ないものの、各河川ではしっかり生存が確認できたことは、とりあえず収穫だった。数年かかるかもしれないが、以前にも増してよくなる川も出てきそうで楽しみである。

釣り場はやはり、自分の足で捜すのが最も楽しい。僕の場合は耳をふさいで妄想を膨らませ、探り歩くことにしている。

成瀬川支流・北ノ俣沢は５本の沢からなる。それぞれ
魚止ノ滝まで、かなりの距離があって楽しめる

成瀬川源流のイワナ。サイズは33㎝ほどだった。ピーコックパラシュート#11に出た魚

◀胃の内容物。水中の昆虫が多く、本格的に水面で捕食しているようではなさそうだった

状況がリセットされた今後こそ、またそのように釣り場を捜して遊べる。なるべく広範囲を、先入観を持たずに回りたい。

日帰り源流もまた楽し

地元（秋田、岩手、山形、宮城の接する部分）の話に戻るが、この7月からアブが出る梅雨明けまでが、源流釣りには最高の時期といえる。梅雨時期でもあるので天気予報には細心の注意を払いつつ、行ける所まで釣っておきたいものだ。忙しくなっていて数年に一度しか行けなくなっている源流もあるが、可能な限り各魚止ノ滝まで釣りたいと思っている。

源流へは釣果以上に、今年もその川の魚が健在かどうかを確認したくて歩きたくなる。一度知ってしまうと源流の大パノラマや、過去の釣り人やキノコ採りの痕跡など、ロマンは尽きない。一度きりのドラマがあるような気がする。

僕は基本的に山泊まりは苦手で、渓流

谷で釣れた黒点の多いヤマメ。
閉鎖された谷のヤマメは、黒点
が多くなるか少なくなるか、ど
ちらかに偏ることが多いようだ

同行者が釣った 34cm。これ
だけ太い体になるには、たく
さんの虫を食べたのだろう

の音が気になり不眠になって衰弱してしまう。荷物も足かせとなり、思うように奥まで行けなかった。逆に今は割り切って、釣りの時間を短くして行き帰りに時間を使って源流を楽しんでいる。重いリュックがないと悪場も簡単に抜けられるし、3時間近く歩けば相当深い谷まで踏破可能である。明るい時間は朝5時から夕方7時まで14時間もあるわけだから、しっかり計画を立てれば日帰り源流は充分楽しめる。7時間歩きに使っても7時間釣る時間があるのだが、ほとんどの場合釣った距離もプラスで歩いてこなければならないことを考慮に入れたい。

今はGPS機能がスマホに入っているので、それを上手に利用する方法を各自で確認しておくことをおすすめする。安全第一、健康第一で歩ける方はぜひ、この季節に東北の源流を目指してはいかがだろうか。もちろんアブが苦手でない方は、8月も同様に楽しめる。

季節を追うごとに日の出、日の入りの時間は変わる。明るい時間帯が短くなることも考慮する必要がある。源流も渇水では、意外とフライを選ぶことが珍しくない。あまりにも単純なパターンのみ持参すると、釣れにくいことも覚えておきたい。小さめ（#18前後）のテレストリアル各種、カディスなどは必携である。

成瀬川は、僕が最初にフライフィッシングを楽しんだ川でもある

今年の夏は北海道に期待

さて7月は近年、僕にとっての北海道シーズンでもある。今年も道北、道東を時間をかけて回れそうなので楽しみだ。この時期はある程度規模の大きな川でも、ドライフライですべて楽しむことができる。デカフライでのニジマスが面白い。

単純に大ものを求めると、どうしても沈める釣り方になりやすく、自分の趣味嗜好に合わない。それほど大ものでなくても、ライトタックルでドライで楽しみたいので、そのためには夏が最適なのである。

秋は秋でライズの釣りも楽しいのだが、北海道の秋は夕暮れが早すぎて釣り時間が少なく、もったいない気がしてしまう。8月もよいのだがカラフトマスが遡上してきて、そのような河川は釣りにくくなる。したがって、やはりベストは7月だと思っている。

本州の釣り同様、長いティペットでのロングドリフトを心がけるわけだが、それによって浮上する40〜60㎝のニジマスは本当に面白い。次回はその報告ができればと思っている。

役内川の本流で出た９寸オーバー。幅もあって、あと１ヵ月で尺を超すのは間違いないだろう

2014 北海道遠征

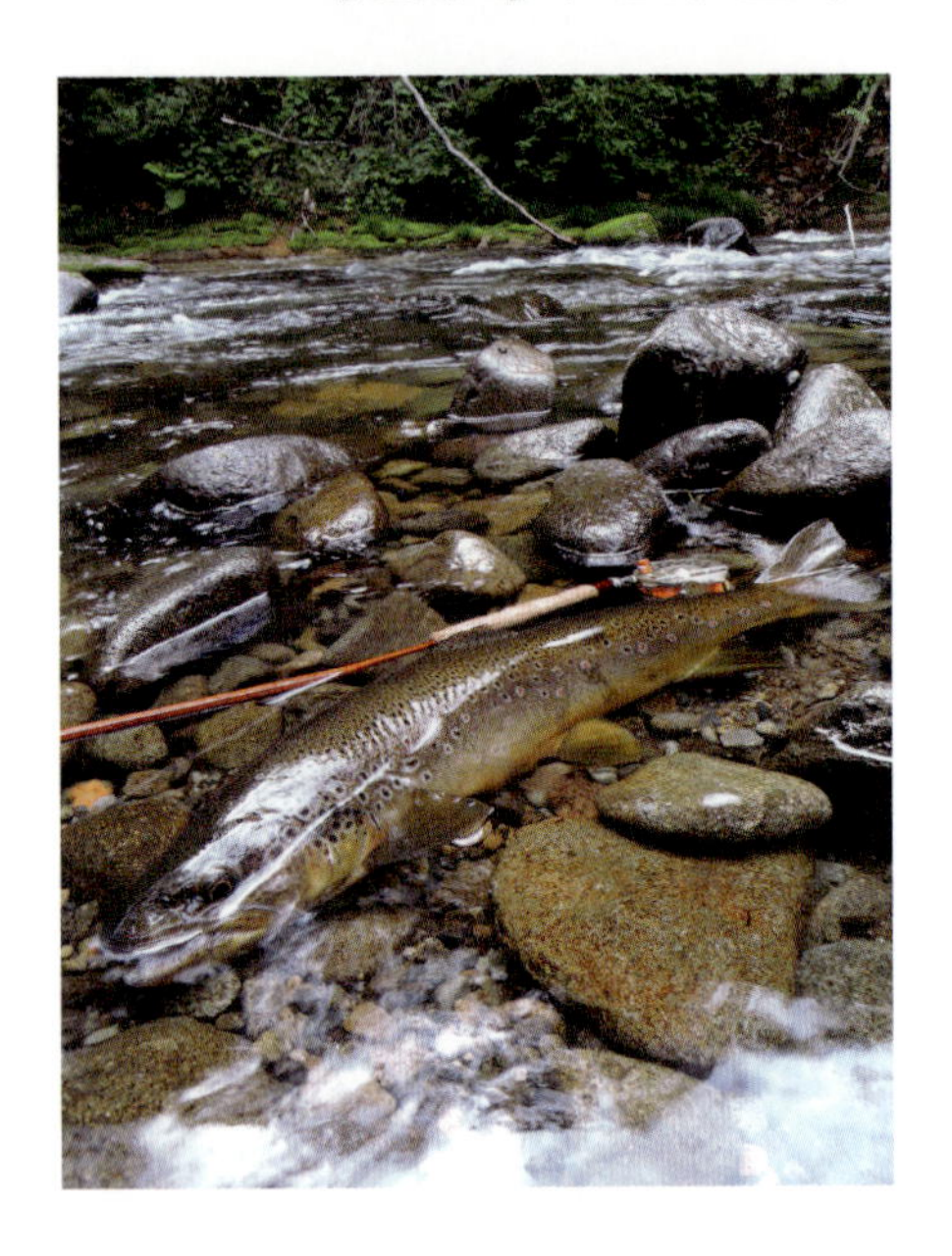

僕のなかでの北海道は、海外の釣りの質に近い。
地元の経験を試し、その成果はかたちを変えて
普段の釣りに生かされる。

道北で初めて釣ったブラウントラウト 56cm

海を越えて小さな冒険釣行へ

今年（2014）の北海道遠征はDVD撮影とティムコのツアーを行なう予定だったが、ツアーのほうが日程のタイトさから中止になってしまった。おかげで日程の半分は新規開拓の旅ができ、それなりに有意義な時間となった。DVD撮影時の話は編集が終わったころに改めて書くとして、今回はそれ以外の新たな場所での冒険釣りをメインにお伝えしたいと思う。

今年の北海道は気温の上昇が早かった。少雨だったことも重なって、7月上旬ですでに渇水気味だった。それを感じた釣り人たちで有名河川はにぎやかで、関東ナンバーや関西ナンバー、そしてその数倍の地元ナンバーで、平日から各入渓点では先を越されてしまった。直撃しそうだった台風はそれてくれて助かったし、釣りができない日がなかったのは、この時期の北海道ならではのことだろう。しかし3ヵ月以上前に予定を決めることの難しさや、自分が把握している釣り場の狭さを実感した旅にはなった。それでも新しい発見があるのが北海道である。

新しい釣り場は期待感とともに、不安も同じくらいある。先行者の足跡も気になるし、魚影の多さや平均サイズも分からない。どのような場所にいるのか？フライは合っているだろうか……などなど、その場所にいかに順応するかを第一に考えないといけない。

ここでは北海道の釣りにおいて、僕なりに経験から得た感覚を説明するが、最終的には釣りの本質は変わらない。どこに行っても「釣り感」が最後は必要となってくる。自分がいつもやっていることのなかで、どの流れにも通用することは、まずドラッグフリーのロングドリフトである。必要なフライをよさそうなポイントに投じていけば、おのずと反応がある。その反応から状況を分析し、少しずつ正解に近づくのである。

北海道は魚がデカイ。その最大サイズをドライに出したいわけであるから、フライは当然のようにデカくなる。しかし、渓流で軽快にライトタックルで釣りをしたいと思うと4番ロッドが最適で、大場所のみを釣る場合とは異なる。ライトタックルだからこそ、細かくポイントを探れてサオ抜けを見つけることにつながる。そして、キャスト数を大幅に増やすことができる。

よさそうな場所に、いかに多くキャスティングできるのか？　可能性がある水面にどれくらいフライを乗せておけるのか？　ライトタックルの効率のよさは、新しい釣り場で魚と出会う可能性を広げてくれるように思える。

ライトタックルなら#4まで

北海道でライトタックルを使う場合、ストレスなくキャストすることができる範囲で、最大サイズのフライを選択する

イワナねらいに行った道北の小渓流。それほどの密度はなかったが33～40cmの魚が多く、半日で7～8尾の尺上イワナを釣ることができた。そのなかに、左頁のブラウントラウトも潜んでいた。ヒットしたのは写真中央付近、左側の小さな巻き返しだった

ことになる。#4程度が軽快さの限界と感じている。細軸のハリではそれ以上のサイズの選択肢が見当たらないし、中軸の範囲からハリを選択することになる。TMC212TR、112TRの#7が軽快ではあるが、もう少し大きいシルエットで巻けるフックを検討したいとも思う。

フライはライズがない状況で叩く場合、カディス系とテレストリアル系の2種用意しておけば充分だと思っている。その2種のうちパイロットフライとして結ぶべきは、やはりカディスのほう。フレッシュなポイントでも、そうでなくても反応する率は断然高い。

一方フラットの浅い場所やボサ際や枝下などは、テレストリアルへの反応がよいように感じる。川の規模的には大きいほうが断然カディス、小規模になるほどテレストリアルが効果的だ。

どちらにしても最大級をねらうなら、オーバードレッシングの#4～6程度を使い続けることが、大ものとの出会いの近道のような気がする。ちなみに、これが秋になると状況は一変する。小型のメイフライやアントなど、フライサイズが一気に落ちることも憶えておきたい。

ライズの釣りは、やはりフライを合わせないと釣れないのは世界共通。釣りの質も、ブラインドの釣りとは異なる。時期を問わずライズが繰り返されるシーンでは、釣りの切り替えが必要だし、観察力も重要である。

初めての場所で釣る不安をいかにして振り払って、自分のゲームに持ち込むのか。そのためには自分のいつもの釣りを、その場所なりの釣りに変換したうえで行なえるかどうかが鍵となる。ヤマメやイワナのみで釣りをしてきた感覚との違いや、出方の違い。さらに大ものが出るタイミングや流速、アワセ、やり取り、取り込み……。それらすべてを、その場所の状況に合わせて切り替えつつ、それでもなお自分の釣りにしていかなければならない。そうしないと初めての川で、そのフィールドの本質を垣間見ることは難

思わぬポイントから出た魚。ブラウンらしい
大きな口でメスを思わせる。この規模の渓で
このサイズは異様に大きく感じた

道北の大渓流。広々として大ものの期待は高かったが、この川で大ものには出会えなかった

ブラウントラウトを釣った川では、ニジマスも釣れた。こちらは54cm

しいと思う。もちろん条件に助けられれば、おおらかな北海道を満喫できることも少なくはないのだが。

本当の海外ももちろんいいけれど……

僕は北海道に行く前に、1回ではあるがニュージーランドに釣りに行ったことがある。ドライフライメインで、50～60㎝のニジマスやブラウンが1日平均3～10尾釣れる印象で、楽しむことができた。ガイド付きで投げる場所やフライも指定され、それをこなすのが楽しかったし、釣り自体は本当によかったと記憶している。

しかし、食事は美味しいのだけれど飽きてくるし、温泉はないし（あるところにはあるらしい）、言葉が片言しか通じない（これは自分の語学力のせいだが……）。さらに往復のための時間のロスと体力や気力の消耗（さらにはお金の消耗……これがデカイ）が、釣りの楽しさと相殺して、ぜひともまた行きたいとは思えなかった。

これが北海道なら、話は別である。僕の場合、最初は西別とか阿寒を勝手に回って撃沈。その後ヤマメにターゲットを変えて友人もでき、ニジマスねらいにも手を広げつつ、北海道通いは10年近く恒例行事になっている。毎年のように行ってしまうということは、トータルとして楽しさが、手間や消費を上回っているからにほかならない。

有名なレストランで料理を食べた時に「美味しい！」と思うことは多いと思う。だが料金を考慮したうえで「また食べたい！」と思えることは、それほど多くない。この「また食べたい！」こそが本当の美味しさであり、釣りに置き換えれば「また釣りにきたい！　楽しい！」に通じると思っている。

そういえば……というか話は釣りからそれるのだが、今回の旅では士別のジンギスカンは「また食べたい！」と思える美味しさだった。これまで食べ

下流域で釣れた46㎝。本流育ちらしい、銀ピカではちきれんばかりのボディーだった

たことのない、さっぱりした独特のジンギスカンだったのだ。ご主人もフライフィッシャーだという。会計の時に初めてお話をして分かったのだが……。訪ねてみれば釣り場の相談にも乗ってくれるかもしれない。『花の友』（☎0165・23・2565）というお店で、『釣り旅北海道』（つり人社刊）にも出ているので参照していただきたい。

十勝地区もそうだが、飲食店のオーナーがフライフィッシャーである率が、北海道では結構高いように感じるのは僕だけだろうか？　士別市にはさらにサホークという品種のラムがあり、その焼肉もとても美味しい。もっと別の調理でも食べてみたいので、次回はリサーチしてから滞在したいものである。

新たな発見が釣りの刺激に

さて、釣りに話を戻すと、今回はやったことのない区間や川を回るのをメインにした。それによって初めて北海道で大型ブラウンを釣ることができたし、40㎝クラスのイワナ、アメマス、50オーバーのニジマス5尾と好釣果に恵まれた。まったく釣れない時間や場所も少なくなかったが、楽しさが再発見できた。もちろんヤマメも釣れたし、8~17時の釣りを前提としたドライフライとしては満喫できたと思う。

それにしても、北海道では意外な場所でよい釣りができるし、期待の場所では何もないということが多い。もちろん爆釣を期待してはいたのだが、期待どおりにいかないのが釣り。自然相手の遊びの難しさと面白さである。

僕は東北でガイドをしているので、ガイドフィッシングの有効性は分かる。しかし本質的には探検的な釣りが大好きである。地図やちょっとした情報を元に、それ以外の場所や川での可能性を探りたいのだ。

さすがに地元の東北では、僕に可能な範囲ではほとんどの場所を探っている。そのうえいい季節が被るので、行ける場所は決まってしまう。その点、北海道はまだまだ自分にとっては未開で、僕の思いに同調してくれる友人の存在もあり、新規開拓は今後何年も続けられそうである。

結果的に名寄市に4泊、士別市に2泊、北見市に3泊の行程になったが、撮影以外は全部新しい場所で釣りができた。大型イワナの釣り場や、ブラウンもいた川、魚影は少ないが巨大ニジマスの可能性（3Xを秒殺で切られた）など、可能性は広がるばかりである。さらに季節が違えばどうなのか？　あっちの川は？　この区間は？　など、釣欲が収まる気配はない。もうすでに来年の予定を考えているくらい、地形図とグーグルマップを眺めている。

僕のなかでは北海道の釣りは、海外の釣りの質と近いものがあると思っている。釣り自体が本州とは違うし、魚種ごとに性質がそれぞれ異なる。川に入ってしまえば本州とはまるで雰囲気が違うし、釣れてくる魚もサイズも別格。まさに海外で味わえるような、釣りの要素を備えているのである。

考えてみれば四国や九州も、僕にとってはやはり海外の釣りに近い魅力を持っている。海外と異なるのは、飛行機を利用すれば自宅から数時間後には釣りができること。さらに言葉の通じる友人が待っていてくれるのも心強い。その土地ごとの旨いものが、旅の夜を楽しくしてくれる。

「国内でありながら海外っぽい釣り旅」は、やはり楽しい。そこで得た人とのつながりも含めて、自分の釣り人としての成長に影響しているように思う。全国を回って感じた釣りの要素の断片が、自分のホームグラウンドでかたちを変えて活かされたりするから面白い。そしてまたホームで得た釣り経験が、どこに行っても釣れる自信になっているのも事実。可能な限り、ライトタックルでの日中ドライフライフィッシングの世界を追及したいと思う。

道北の川で釣った50オーバーのメス。育ちざかりであることを思わせる小さな頭が印象的。大きなビートルをぱっくり食った

今回最大だった40cmのエゾイワナ。虫食い模様が薄い、特徴的なイワナだった

遠征サポート

大ヤマメは、そうやすやすとは釣れてくれない。
遠征先でとなればなおさらだ。
では成否の分岐点はどこにあるのだろうか。

32.5cm を取り込む富田さん。しばらくやり取りが続いてハラハラしたが、無事ランディングできた

東北でよく見られる、平坦で緩い流れの瀬。九州ではこのようなポイントが少ないらしく、富田さんは楽しそうに釣り上がっていた

釣りと温泉とお酒

僕は日ごろから遠征が多い。各所でさまざまな人のお世話になっているわけだが、やはり持ちつ持たれつの関係は大事にしたいと思っている。今回は熊本の尺ヤマメハンター＆『ハイランドケーンバンブーロッド』ビルダーでもある富田晃弘さんをヤマメメインの釣り場に案内した。彼が僕の地元を訪れたのは2回目だが、僕はここ8年ほど九州遠征で彼のお世話になっていて、気心の知れた仲だ。

富田さんは僕と同じく本流志向のドライフライ・フィッシャーで、早朝やイブニングもあまりやらないスタイルも重なる。したがって場所や時間帯に悩むことはない。僕が釣りたいようなシチュエーションの川で9～17時の釣りを楽しみ、温泉に浸かってサッパリしてから飲みに行く。調子がよければ2軒目をハシゴしたり、カラオケを歌ったりと、「楽しい釣り旅」を地元である僕も楽しむことができた。

さて、まずは富田さんの釣りについて書いておきたい。以前の釣行で、見ていて感じたのは、環境適応力の高さである。九州では本流で一緒に釣ることが多く、釣りの話も大雑把で「フライはなんでもいいけん！」、「ティペットは5Xオンリー！」などと、男気のある言葉が並ぶことが多かった。東北ではどうなんだろう？　と思っていたら、ライズするヤマメ相手に「どんなシステムがいいの？」と、しっかり聞いてくるのである。意外とも思えたが、素直に新しい釣り場ではそこの釣りにまず合わせてみるタイプのようで、見た目とは裏腹な（？）器用さをいきなり発揮したのだ。

そして7Xティペットに#20アントを結んでもらい、サイトでのアプローチ。案内する側としては、まったく心配せずに釣りを見ていることができた。あっさり数尾の良型ヤマメをキャッチし、これはあっちこっち相当な場数を踏んでいる釣り人だと確信した。イワナ釣りにおいてもティペットを伸ばすことが必要と感じたらしく、すぐにシステムチェンジ。サイドのたるみやチャラ瀬、巻きなどから次々にイワナを引き出していた。

アメリカやNZにも足を運んでいる富田さんだが、そこでも楽しく釣りができただろうと想像できる腕前のフライフィッシャーだった。技術の下地には当然キャスト力があり、自分の理想を追求するための自作バンブーロッド、フライも大小しっかりそろえている。

前回は渓流メインで案内をしたが、今回は本流~大渓流をメインに回った。

釣れない理由は自分の側に

僕もそうだが、富田さんは本流の厚い流れの瀬を叩くのが大好きである。東北の本流は富田さんにとって魅力的な流れに見えるようで、「この流れで出たら最高!」などとポイントごとに楽しそうに釣ってくれていた。新しいフィールドは釣り人にとって新鮮で楽しいもの。それは僕も重々分かっているので、なるべくいろいろな河川を釣り歩いた。

初日の泣き尺ヤマメも素晴らしかったし、1日だけ雨で逃げた渓流にもたくさんのヤマメの姿があった。クライマックスの尺ヤマメまで、絵に書いたような釣り旅を提供できたと思う。

ただし楽しい思いをするためには、状況に応じた腕が必要なのも事実。同じ場所に行ったとしても、誰でも釣れるわけではない。ことに初心者は、いい状況でも「魚がいないんじゃないの?」とか「今日は状況が悪いね」と、つい考えてしまいがちである。

僕はホームグラウンド以外の釣り場では、地元の名手に案内されることが多い。したがって、絶対に魚はいると信じて釣りをする。釣れない時はさまざまなことを試みる。釣れない時は腕が足りないからだと自分に言い聞かせ、次回は必ず……と思い数年通ってみることが多い。

大ヤマメは、そうそうたやすく釣れるものではない。東北の高確率河川を回っても、釣れない時は釣れないのである。最後、取れるかどうかは運も多少関係してくる。だが接点を持てるかどうかは、その人のフライフィッシャーとしてのレベルが大きく影響してくる。これは僕が数多くの釣り人を案内してきた経験から、明確にいえることだと思う。

僕のような田舎者は、地元の素晴らしさをアピールしたいと考えている。出し惜しみする気はまったくなく、釣りにしても飲み屋さんにしても最高のところに次から次と案内して「楽しかった!」と思ってほしいのが本音だ。

釣り場も飲み屋さんも、素晴らしいところは簡単には見つからないのが普通だ。僕にとってはどちらも大切だし、どちらが欠けても受け入れる側としては残念だと思う。

今までの経験のなかから選び出した、その時の「最高」を届けたいと思う。そのことを感じ、喜んでくれた富田さんには、僕も感謝したい。

この頁の3点の写真は、雨で本流が釣りにならないため逃げた支流。
そこにはたくさんの魚影があり、
ライズするヤマメも。9寸が何尾か出て楽しむことができた。
雨により活性が高かったのかもしれない

2014年7月21～25日／秋田釣行

九州と違う釣り、食、気候、そして川……

文・富田晃弘

日中は魚（釣り）を満喫し、夜は肴（とお酒）を堪能し……素晴らしき友との釣り旅

このままじゃあ森に突っ込む……。山の上に突然現われた滑走路に飛行機が着陸した。抜けるような青い空に、白い雲がぽつぽつと浮かぶ。熊本～羽田～秋田と飛行機を乗り継ぎ、梅雨空の熊本から秋田空港に降り立った私を晴天が歓迎してくれた。空港で待っていたのは、渋谷直人さん。彼とは8年ほど前から、お互いに九州と東北を行き来して、親しくしてもらっている。といっても、毎年九州を訪れる彼と違い、私の東北釣行は2度目である。

前回は、東北の釣りを楽しむということでイワナも視野に入れて遊んだ。今回はできる限り本流ヤマメ釣りに的を絞りたいとお願いした。

案内していただいた川は、九州の川と違い落差の少ない渓相が多かった。道路からの入渓もイージーなので、疲労感も少ないのはありがたかった。しかも梅雨なのに雨の量も少なく、降っても累積で数十ミリ程度。旅の期間中、大増水でどこも釣りにならない状況はなかった。半日だけ、夜に降った雨の影響で小さな支流に入ったが、午後には本流域で釣りができる状態だった。

むしろちょっと増水気味の川では、ヤマメの活性も上がっているようだった。ドライフライに出てくるヤマメたちは、＃12のフライを飲み込むことも多かった。何はともあれ、数日間の遠征で尺ヤマメに出会えるとは、上々の釣果。やはりガイドに徹してくれた渋谷さんのおかげだと思う。

当然この釣果は、ひとりで旅して得られるものではない。魚釣りの楽しみの1つである、魚を見つける作業は省略されるが、釣る楽しみは充分にある。

地元の川では、季節、天候、降水量、水位などを考えながら無駄骨を折ることも多々ある。その末に魚を見つけて釣りあげるのも、魚釣りの楽しみだ。しかし遠征の場合は、案内された川で釣ることに集中する、今回のような楽しみ方がよいと思う。

わずか数日間の遠征で魚を捜すことから始めるのでは、好釣果につなげにくい。そもそも初めて見る川で、平水なのか増水なのか、この川のヤマメが反応するベストな水位はどれくらいなのかは分からない。もちろんある程度は予想することができるが、的確に判断することはできないものだ。特に夏ヤマメの場合、そんなに数釣りができるものではないので、なおさらである。

この釣り旅のために、私はピーコックパ

今回のクライマックスを飾った32.5cmのメスヤマメ

ラシュートをしこたま巻いてきた。実際現地で釣りをすると、夏ヤマメの気難しさなのか、それとも魚影が少ないのか、反応が悪いこともあった。そんな時はパラシュートのインジケーターがわざとらしく見え、CDCのパターンもほしいと思った。

そして旅の楽しみの1つに夜の食事がある。今回の一番のお目当ては「ひなもつ」だった。湯沢の居酒屋『みのや』の名物串焼きである。ネック部分だそうで、皮と身の部分が絶妙なバランスになっている。それをいくつか串に刺し、タレ焼きにしたものだ。前回訪れた時にほれ込み、1週間の旅で2回も行った。今回は休みと重なり、2回訪れることはできなかった。

別の日に入った寿司屋はサバとアナゴが絶品だった。マグロも美味しく、地元の日本酒を合わせると最高。若い職人さんにすすめられ、少し飲みすぎてしまった。

日中、明るい時間には釣りをして、夕方には温泉、夜には美味しいものとお酒をいただく。これこそが釣り旅の正しいスタイルだと感じた。

2014 シーズン終了

9月の渓流釣行から得た経験と、シーズンの総括。
尺ヤマメを釣るためには、
自分自身を変化させ続けていくことが必要である。

9月10日を過ぎて、すっかり秋らしくなった空。それとともに、魚も色づいてしまった

少雨だった秋田県南部

今シーズン（２０１４）も、本州自然河川での釣りはほぼ終了となった。そこで最後の数回の釣りと、シーズン全体を振り返ってみたい。

結果的には僕のメインフィールドは完全に不発で、渇水による影響が大きかったように感じた。去年あれほどよかった役内川本流ではまったく釣りにならず、9月に入っても大ものの姿すら確認できなかった。

北も南もそこそこ降水量はあったのだが、なぜか秋田県南部だけは雨に見放されたようで、梅雨明けからまとまった雨がまったくなかった。災害がないのはありがたいが、釣りもキノコも雨がないとよくないのが普通。例年並みくらいの雨量はほしいものである。まあ、これぼっかりはお天道様しだいなので仕方がないが、キノコがダメだと禁漁後の楽しみまでしぼんでしまうのがショックである。

本流での釣りが厳しかった分、今年は渓流域に入ることが多かった。そこであらためて渓流の尺ヤマメの難しさや、キャスト精度（いかに障害物をかわして流れに合ったプレゼンテーションをするか）の大切さを再確認することとなった。

毎年思うのだが、なぜかシーズンごとに釣りやフィールドのパターンは異なり、新発見やフライパターンも変化していく。自分の釣りにこだわり、同じことをやりとおすことも面白いかもしれないが、僕の場合は変化に対応しながら楽しむ釣りが好きである。できることなら本流のみで楽しめるシーズンを望むが、それだけ続けていても釣りが雑になっていくし、楽しみの幅も狭くなってしまうだろう。

個人的にはヤマメが好きなことは変わらないが、イワナも真夏は難しくなるし簡単な対象魚ではなくなる。ややもすると相手にされなかったりもする。そうなると、なんとかして釣りたくなるものだし、その過程こそが面白い。

今年は9月に入ると急に気温が下がり、ヤマメは色づいていってしまった。こうなると釣欲がそがれていくようで、珍しく9月最終まで足を運ぶことなく4日残しての納竿となった（たった4日かよ！）。

スパイダーパラシュートで

今年印象的だったのは、9月17日の秋田最後の釣り。大渓流での尺ヤマメ3尾である。渇水だったが何か川全体から活性が感じられる日で、入った直後から8寸ヤマメが顔を出した。晴れたり曇ったり小雨が混じったりの涼しい天気がよかったのかもしれない。

本来、時期的には大ヤマメねらいになるので、大きいフライを選択したかった。しかし水況を見る限り、派手すぎるパターンには手が伸びなかった。そこで、スパイダーパラシュートの#15で終日通すこととなった。このパターンは全体のシルエットこそ大きいがボディーは小さく、渇水時の大ものキラーで僕の信頼度は高い。

いきなりイルカショーばりのジャンプでフライに飛び出したのは推定35㎝級のヤマメ。水が集約した波立った流れから出たのだが、どまん中の波頭で出たためフライは浮いたままで食わせられなかった。流れの右から来たのが見えたので、少し時間を置いて流心右の少し穏やかな流れにドリフトしてみた。今度はゆっくり浮上して、ばっくりフライを飲み込んだ。34㎝のメスヤマメだった。終盤を思わせる寸胴な体型と、大ものにありがちな薄くなったパーマークが印象的な個体だった。

その後、よいポイントや流れ込みからは29・5㎝、28・5㎝などが出て、ほかは25㎝アベレージが数尾という結果だった。大ものを釣るには、何かが違うのではないか？　そう思って、渇水で止まりそうな流れのプール中央より下流のバブルラインを遠くからねらってみることにした。それがやはり当たったようで、2つのポ

34cm のメスヤマメ。薄くなったパーマークと、たっぷり抱卵しているふくよかなお腹が印象的

イント連続で31・5㎝のオスヤマメが静かにフライを押さえ込んだ。こちらもこの時期らしい色ぐあいと顔つきで、迫力のある魚体だった。結果的に、秋田最後の釣りを満喫できた。

15ヤード以上の距離への一発プレゼンテーションは難しいが、この日は風がなかったことにも助けられ、うまく釣ることができた。

フライ選択に迷うことなく、釣りに集中できる日というのは結果に恵まれることが多い。年間を通じても、このような日は数回しかない気がする。

3投目のドラマ

その数日前の連休こと。久しぶりに喜久川英仁さんを嶋崎了さんが連れてきてくれて、ご一緒させてもらうことにした。岩手の内陸だが、ここは水量も多く大ものへの期待感は充分である。

僕が着く前に喜久川さんは29㎝ヤマメをすでに釣ったそうで、さすがである。

皆瀬川のダム上は、僕の家から最も近い大渓流。放流もののニジマスも混じるが、時折尺ヤマメも出る。この時は渇水気味だった

僕もきつい流れを押しのけながら、カディスで釣り上がったが無反応。同じ流れを今度は下りながら、黒虫フライ#9を流していった。すると何回も流した瀬肩から尺に足りないくらいのヤマメがスッとフライに出てきたのである。ガッツリフッキングしたかに思えたが、2秒ほどのファイトの後、外されてしまった。

これは今日のフライは黒虫だなと思いつつ、場所を移動して期待感を持って釣り上がった。それから新仔以外の反応は得ないまま、小さな堰に到着。その肩部分へ、不用意に堰下流からアップでフライを投じてしまった。フライが流れの盛り上がる頂上部まで来た瞬間、推定33㎝くらいのオスヤマメが縦にフライを食ってきた。ラインのたるみが大きく、大アワセになり、一瞬フッキングしたものの乗せきれずに外れてしまった。

不用意なアプローチも悔やまれるが、原因不明のバラシの後に同じハリを使用していたことも含め、複数の反省点があった。「いつまでたっても進歩がないな

このポイントで尺ヤマメがライズ。静かにそれをねらっていると、上流からケガをしたカモシカが走ってきた。そして、まさにねらっていたポイントのどまん中に陣取ったのである。おかげで最初の対戦チャンスはふいになってしまった……

喜久川さんがフライチェンジして釣った31cmのオス。浮かせたウエットフライをばっくり食ったのはショッキングだった

神奈川県在住の喜久川英仁さん。毎年のように秋田に来て、ハイテンションな釣りを見せてくれる

……」と思える釣りであった。

大チャンスを僕が潰してしまったので、午後はまず喜久川さんの釣りを見ることにした。上流に行ったら人だらけだったので、再び下流に移動。過去の記憶でよかった護岸ポイントを、一発に期待してねらってもらった。しかし、最高の流れからはまるで反応がない。そして、つなぎの微妙なヨレ部分に来た。

「ここいる可能性はあるの？」

そう聞かれて、「気になるんだったら絶対に流しておいたほうがいいよ」と返答した。

喜久川さんは、大きめのスパイダーパラシュートを使用していた。水深70㎝ほどの変化に乏しい瀬だったが、1投目から大きく追い食いしようと追いかけた魚影が、高いところから見ていた僕にははっきり見えた。投げた本人には見えなかったようで、もう少し上流から流し直すようにと伝えたが、2投してチラッと反応したのみ。このパターンでは、たいがいフライチェンジしても同じような行動

左頁の魚と同じようなパターン、同じようなゆっくりした流れで、同じようにゆっくりフライを食った31・5㎝オス。この日3尾目の尺上だった

なるのが常である。

を取り、数回のチェンジの後反応がなくもう食わないかもしれないですね」と声を掛けた。しかし喜久川さんは「いやいや、食うのがあるんですよお客さん！」と、茶目っけたっぷりに答えてきた。

「マジで!?」

「まあまあ……」

コソコソとフライ交換。上から見た感じでは、モヤッとしたブラウンカディスみたいである。

1投目、大きく上流にターンオーバーしてしまい、ドラッグがかかったままポイント通過。これで何をやっても次はないだろうなと思った2投目、今度はショートで、さらに可能性はなくなったと思った。そして3投目、ようやく理想的なプレゼンテーションになったが、ここで出てくることは僕の経験上ほとんどない。しかし！　ゆっくり流れに身を任せながらヤマメは浮上し、ばっくりとフライを食ったのである。正直、かなりのショッ

34㎝の後、試行錯誤を繰り返して、ようやくパターンを見つけて釣った31・5㎝のオス

クだった。まだまだ自分の知らない釣りが存在し、新しいアイデアがある。本当に夢のある世界を見せてくれた喜久川さんに感謝である。

実はこの釣りは、古くて新しい、僕もなじみのあるウエットフライでのドライフライ・フィッシングだった。#8ほどのボリュームのあるウエットフライを使用し、フロータントをしっかり施しナチュラルドリフトさせるのだ。聞くと、朝に釣った29㎝も同じパターンで釣ったとのこと。これを目の当たりにした僕の妄想は膨らむばかりである。

かなり前の話ではあるが、高校生のころにはウエットフライをそうとう巻き込み、サーモンフライまで手を出していた記憶が一気によみがえってきた。これがシーズン終盤だったことを悔やみつつ、さっそく家に帰って8本ほどのウエットフライをアレンジして巻いておいた。

シーズン最後に釣った尺ヤマメ。浮かせたウエットフライが有効なことを、自分でもしっかり確認できた。秋らしい色に変わったヤマメは、この後静かに深みに消えた

ウエットフライを浮かせてみれば

今年最後の釣りとなった24～26日。釣れなくても可能な限り、ウエットフライを使用したドライフライの釣りを試みようと思っていた。とりあえず浮きやすくするため、フックを軽くし、ティンセルの使用を抑え、ダビング材を薄めにドレッシングしたフライを使用した。リーダー、ティペットのバランスなど難しい部分はあったが、思いのほか虫らしさを醸し出していて、ドリフトしてくるフライを見ていても高揚感があった。

予想どおり、ちょっとした瀬肩から28・5㎝ヤマメがゆっくり追ってきて、ガバッと食った。その後も25㎝前後が2尾釣れて、確信に変わった。スパイダーやラバーレッグ・カディス、黒虫フライ、すべて「このフライは釣れる」ことが確信に変わる時は〝ゆっくりガップリ〟食うのである。その感覚はまったく一緒である。そして、最終日の渇水状態の渓流で、その日10投ほどしかしていないウエットフライを、シーズン最後の尺ヤマメがくわえたのである。来シーズンへの妄想をさらに膨らましてくれるエンディングとなった。

TMC100 #8 に巻いたウエットフライ。浮かせるのが前提なので、フックは軽くしている。サイズやボリュームなど、来年はいろいろ試してみたい

尺ヤマメねらいというのは、不思議と同じような形で釣れることが年々減っていく。次から次へと自分を変化させていかないと、釣れないパターンにハマッてしまい、その年の気候や川の状態のせいにしてしまいがちである。しかし、釣る人は必ずいるし、その時にハマる釣り方もある。

かなり前のことだが、とある政治家が「自分が同じ地位にいるためには、変わり続けねばならない」という意味のことを言っていた。野球界のスターであるイチローも、同じようなことをいっていたような気がする。一郎といえば、フライ業界でいうと沢田賢一郎さん、岩井渓一郎さんも、やはりスターといえよう。学ぶべき部分はありあまるほどあって、その到達点は計り知れないほど高いように感じる。

僕も自分の器量のなかで変化し続けながら、尺ヤマメを釣り続けられるフライフィッシャーとして楽しんでいたいと思っている。

北海道 DVD 撮影

『Chasing Rainbows One on stream 6』
撮影ロケより。ヤマメとニジマスにおける
ねらい方の違い。大型ニジマスに出会うためのキモとは。

40 クラスのメス。ダンブルバグを
しっかりくわえてくれた

北のニジマス

DVD『ワン・オン・ストリーム』シリーズの最新作（2014年時）では、北海道のニジマスをドライでねらうこととなった。季節は7月の上旬。雪代が終息して、大きいフライに水面で反応してくる時期でもある。3日ほどしか日程がなく、ライズのない状況下での探り釣りではギリギリの期間だが、好きな釣りなのでなんとかしたいところだった。

目標は60オーバーを出すことだが、まずはこの地域での道具立てやらフライなどが重要であり、その雰囲気を伝えるのが第一だと考えた。滞在地は名寄市周辺に決めて、そこからアクセスできる比較的開けた河川をねらった。多少雨が降ったこともあったが天気は大きく崩れることなく、撮影できたのはこの季節ならではのことかもしれない。

僕にとって、最も好きな釣りは探り釣りである。もちろんライズの釣りも面白いのだが、魚の有無やサイズが分かっていて釣るよりも、どうなのか分からないで出てくる瞬間には本当にドキッとさせられる。これはヤマメやイワナに関しても一緒で、初めての川や区間で期待感のあるポイントに投じたフライに反応してくる時こそが、心ときめく瞬間なのだ。

北海道というフィールドは、そのような場面に出会う期待感が国内では桁違いに高いといえる。以前からいっているが、僕は長距離移動が苦手なうえに語学力がない。よって外国へ行きたいという意識は低く、釣欲だけは異常に高い。それを満たしてくれるのが北海道のニジマスであり、年を追うごとにしっかり取り組むようになってきた。そして北海道のニジマスの、海外にも勝るとも劣らないパワーと体型のよさは、ヤマメ好きの人も魅了するものといえよう。

フン虫は、夏の北海道でよく見る。タンブルバグ（フンコロガシ）パターンの名前の由来である

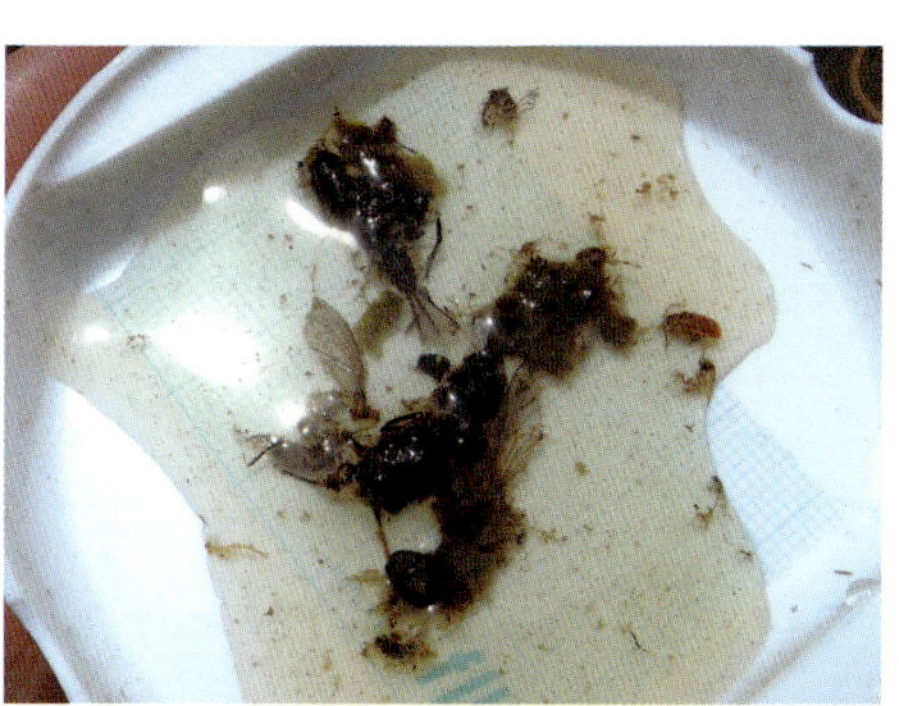

タンブルバグで釣ったニジマスの胃の中身。大きめのアブなど、ボリュームのある虫が確認できる。太く黒っぽいフライが有効であることは想像できる

ドライでねらうシステム

僕にとって北海道の最初の釣りは、尻別川でのヤマメねらいだった。だが秋のライズねらいが面白いとのことで、5年ほど前から秋の十勝地方にシフトしてニジマスをねらった。そこで感じたのは、秋の北海道の釣り時間の短さである。たしかにライズは出会う可能性が高かったしデカイ魚にも会えた。それにしても日が暮れるのが早いし寒い……。10月上旬ですら峠は雪が降ったこともあったし、飛行機が飛べずに滞在延期を余儀なくされたこともある（過去には自分のミスで乗り遅れや、機材繰りでの遅延などトラブル続きによる遅れもあったので……時期だけの問題ではないかも?）。

さて、今回のニジマスねらいだが、まずはライズしていない大ものをいかにして水面に引き出せるかが重要だと考えた。結論としては、ヤマメの場合とほとんど変わらない。ニジマスがいるであろうポイントにねらいを定めたら、しっかりとしたシルエットでボリュームのあるフライをロングドリフトさせるのである。

ライズしている場合やサイトで魚影が確認できる場合を除いては、予測と結果は必ずしも合致しない。ただ水深がある場所ほど大ものの率が高いのは当然で、それゆえ長いドリフトが有効なのだ。

そして魚が大きいことと、捕食してからの行動などはヤマメと異なる。あまりフライを吐き出そうとはしないので、たるんだティペット、ラインでもフッキングミスが少ない。それによって23～24フィートのリーダー・ティペットシステムが使用可能となる。

フライは夏のブラインドの釣りでは、最低でも＃8程度は必要。それを投じるためには5Xティペットが最細サイズとなる。細くて長いほうが当然ドリフトはよくなるのだが、相手は50㎝クラスのニジマスだから、ある程度太くしてラインブレイクを避けなければならない。バランスとしては、フライが＃6～8なら4Xティペット、＃4～6なら3Xティペットがちょうどよい。

僕はドライフライでの釣りを、＃4ラインまでの竹ザオでできる範囲で行なうと決めているので、当然今回も＃4の竹ザオ（7フィート8インチ）を使用した。春の九州や四国など、大河川でのドライ用に今年から試作したロッドである。関東でのモンカゲなど空気抵抗の大きいフライを投げることも考慮していて、今回の北海道サイズのフライでも予想どおり軽快に釣ることができた。

ドライでの釣りは、軽快さが失われないことが重要だと常々思っているので、充分にそれを満たすロッドになったと自負している。

ラインは、新しいライン（テクスチャードＬＤＬ）のテストを兼ねていた。その効果は予想を超えるものであったことを報告しておきたい。メンテナンスフリーのうえに、浮力やすべりがすごいのである。これによってプレゼンテーション

緑に覆われた明るい渓でのニジマス釣りは楽しい。ただしこのような瀬で掛けると、やり取りは細心の注意が必要となる

大きなヒレが素晴らしい50オーバーのメス。これもＶカディスでの釣果

体高があって、色ぐあいもケチのつけようのないオス。50オーバー。本筋に入る細い緩めの流れから、Vカディスに襲いかかってきた

の際、手もとからのライン繰り出しも楽になるし、さらなるイマジネーションの実現を可能としてくれそうである。僕の好きなテーパーのままに仕上がっているのは、LDLテーパーなので当然ではあるが、ほどよい張りがあって情報伝達もスムーズで、メンディングなども楽にできる。

さらに、やり取りもコントロールしやすく、最短時間での勝負が可能となる。これは手もとにあるラインのトラブルが少ないことによるもの。ほどよい張りとすべりのよさで、リールファイトしなくても操作がスムーズなのだ。足もとにかなりぐちゃぐちゃにたるませていても、一度もコブになったり絡んだりすることがなかったし、危なく感じなかったのである。

時間との勝負

このことが釣り人にとってどれだけ有利かは、いうまでもないだろう。ことに北海道のフィールドはワイルドそのもので、ダムや堰堤のインレット以外は必ずといっていいほど障害物が多数存在している。これはニジマスに主導権を譲ってしまうと、運に任せるしかないようなやり取りになってしまうことを意味する。僕自身も大ものを掛けたものの、なす術なくやられた経験は何回もあるし、なんとかしたいとは考えていた。

軟らかめのロッドを選択したり、ライン接続部や擦り傷などの細やかなチェックを行なう。さらにロッドさばきなどで、キャッチ率についてはかなりの成果は得ていた。そして最短の取り込みこそが、課題だと思っていた。つまり短時間でニジマスの体力を削ぐことである。

小さめのフライと細いティペットでそっと掛けた場合は、まれに暴れる前の取り込みも可能だ。しかし大きいフライで掛けた時は、往々にして激しくファイトされ引き回される。これをどのようにいなすかが問題で、魚との呼吸合わせが必要となる。

まずは最初の疾走をこらえないことには、取ることはできない。最初の疾走を止められたら、最初のチャンスが必ず訪れるのである。これは取れるチャンスという意味ではなく、魚の体力を奪うチャンスであることを強く意識したい。そのため、ここから魚を強引に引き寄せ、さらに解放することを繰り返す。魚が休む時間を与えないためにも、リールにラインを巻き取っている場合ではないと考えていた。

しかし実際には、ラインが足もとで絡んだりして、送り出しがスムーズにいかないトラブルはあり得る。それを恐れて、魚が休む時間にリールにラインを巻き取ることを余儀なくされていた感があった。

この問題が、ラインの特性上克服できたのなら、やり取りの不安は解消される。一気にラインを手繰りテンションを強め、走ったら手のなかでラインを滑らせて走らせる。これによって、大型ニジマスとのやり取りにかなりの安心感が生まれた。

もちろん細仕掛けでのやり取りにはリ

ールファイトは重要となるが、基本は相手が休んだらテンションを最大限にすることである。そしてロッドを起こしすぎないこと。これは魚のジャンプを防ぎ、走られすぎるのも止めることができる。

　ロッドを高く保持するのは、走らせてからのファイトが有効な広大なチョークストリームでのスタイルと思っている。止水に近い水面以外では、逆効果であることが多い。

　今回のＤＶＤ撮影では、徹底的に短時間での取り込みを目指して集中した。少しでも参考にしていただける部分があるとうれしい。

このように、足もとでラインが絡む心配のない状況では、リールに巻き取らずにそのままやり取りを始めても問題ない

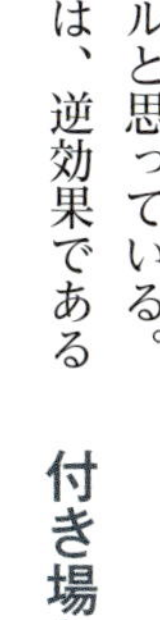

付き場とドリフト

　ヤマメとニジマスで、ねらい方には大きな違いがある。流れの形状によって、付き場などが異なるのである。ヤマメの大きさだと流心の右か左だとか、大きい石や障害物の前後左右などピンスポットになりやすい。しかし、ニジマスの大型はかなりの場所を占拠して水面をねらって捕食してくるので、ど真ん中の流心のカケアガリか、分流が流心に合わさる部分にいる場合が多い。とくに流心のカケアガリ部分のドン深になる寸前にいることが多く、浅い流れ込みからのロングドリフトが最も有効であると感じている。しかも真ん中にいるため、左右どちらに捕食物が来ても追い食いしてくるような感じなのだ。

　このことを考えると、流心の手前で食わせたほうが断然有利といえる。実際ほとんどの大ものの出方は、流心手前の少し緩いところを流した1投目に、流心側

この57㎝のメスが、今回の最大魚。16時くらいにVカディスで釣った。フライの横で1回ライズをして、さらに振り向きざまに横のフライをくわえた

からデロンと大口を開けてフライに覆いかぶさってくる。この瞬間こそが最高に楽しい。したがって流心の向こうを無理して最初からねらうのは、ドリフトの難しさから考えても絶対にしてはならない。いれば必ず手前に出てくることを念頭に入れて、そのコースの最長ドリフトを目指すのが、大型ニジマスに出会えるキモになると思う。

DVDではこれらの内容が実際に収録されており、今までにあまり解説されなかった北海道ドライフライ・フィッシングになっていると思う。どのような流れで、どのような位置から、どのようなフライを投じ、どのようにニジマスが出てきて、どのようにランディングまで持っていくのか？　そのすべてが収録されているので、北海道遠征や本州C&R区間で参考になればと思っている。

この釣りは北海道独特のものではなく、ニジマスをターゲットとしたハイシーズンのブラインドでのドライフフライフィッシングの基本でもある。

タンブルバグ #4～8

ボディー……ピーコックハール10本ほど
ハックル……ブラック・コックネック（ファイバーの長さは巻いた状態で500円玉の2倍以上）
レッグ……ピーコックソード

フンコロガシというネーミングのとおり、ボリュームはかなりある。その他のテレストリアルや、ハエ、アブ類に見えなくもない

Vカディス #4～8

ボディー……スーパーファインダビング・ブラウン
ハックル……コックデレオン
アンダーウイング……CDCダンカラー6～8枚
オーバーウイング……エルクヘア・ナチュラルの明るめの部分が長いもの
レッグ……ストライプグリーンのラバー

V字型のラバーレッグは投射性に優れ、アピール度も高い。釣り場で適度にカットして、たとえばフックにラバーレッグが掛かるなどのトラブルを回避するとよい。ヒゲナガなどをイメージしている。プレゼンテーションの際に紙飛行機のように飛んでいくはずなので、そうでないならフライチェックが必要

北海道ニジマス仕様ビッグフライ

僕自身は以前から寒河江川C＆Rや荒雄川C＆Rで経験していたのだが、ライズが続く条件でない限りは、ビッグ・ドライフライの独壇場になることがある。タックルバランスと軽快さを損なわない限りで、ギリギリのボリュームのあるフライを使うには、空気抵抗の減らし方が重要だと思っていた。

今回使用したフックはTMC212TR#7と、TMC760SP#6の２種。フライはビートル系とカディス系の2パターンのみにした。これによって迷いもなくなり、精神的にも安定した攻略ができたように思う。そのパターンが写真のフライであるが、多分想像よりもかなり大きいことをお伝えしておきたい。

これらのフライはまだまだ変化していくと思うが、要素的には甲虫類とヒゲナガカワトビケラ系（ムラサキトビケラやガの類）が最重要あることは間違いないと思っている。あとはフックの軽さと伸ばされない強度、ボディー材の軽さや浮力、ウイング材の強化などが課題ではある。じわじわ完成系に近づけたいと思うし、読者の方も要素だけ抜き取ってオリジナルのフライで挑戦すれば、さらに楽しい釣りに展開できるのではなかろうか。

真夏の渇水と偏食

お盆過ぎの秋田県成瀬川源流釣行より。
1つのことに気がいってしまうと、
重要な現象を見落としがちになるという実例。

フラットなゆるい流れでライズを
繰り返していた33cm。P119の
フライを迷うことなくくわえた

1時間前に釣られた場所を……

今年（2014）の夏から秋にかけては、本当に雨不足に悩まされた。ホームグラウンドである役内川本流などはほぼ釣りにならなかったし、上流域でもサイトでねらえたがシビアだった。行く川を選びづらい状況のなか、お盆を過ぎたころから急激に温度が下がってきた。そのおかげかどうかは微妙だが、アブが一気に減少した。そのため例年は避けていた河川で快適な釣りが可能となり、久々に成瀬川源流域の真夏釣行が実現した。同行者は九州から遊びに来ていた野村さん。彼は東北が初めてとのことで、数日間一緒に釣りをした。

最初の2日間は、熊本のフライフィッシング・クラブKGFFの大塚さんも福島に所用で来たついでに足を延ばし同行することになった。初日は小河川でのヤマメ、イワナの数釣りを半日。次の日が岩手の尺ヤマメねらいのサイトフィッシングとなったが、やはり渇水期のヤマメは難しくストレスが溜まる。大塚さんは日程の都合上ここまでとなり、3日目は大イワナねらいで成瀬川へ行くことになった。

日程は8月20日過ぎだったが、渇水状態であることは変わらず気温だけが最高26～27℃だったように記憶している。9時前に川に下りる運びとなったが、駐車場には1台の岩手ナンバー。その入渓点からでも3河川に入れるため、目的地がかぶらないことを祈りつつ本流に向かった。

しかし、期待とは裏腹に濡れた足跡……。フライフィッシャーでなければ少し時間を置けば出てくるだろうと楽観視して、ゆっくり釣り上がることにした。ところがこれが大誤算となり、20cmを超えるイワナの反応は皆無だった。ただ、川辺の水溜まりには大量の羽アリが浮いていて、昨日の夕方にハッチしたのだろうという想像だけはできていた。

あまりの反応のなさにしびれを切らして、僕は細かいポイントまでフライを入れてみた。すると、34cmのイワナが対岸の分流の肩からヌッと出てきてランディング。やはりサオ抜けは釣れることが確認できた。しかし、その後は続かず、頭上を真っ黒い雲が覆い、やがて雨粒が落ちてきた。危険を感じつつも、雲の動きと発達ぐあいを確認。15分ほどで明るくなってきたので大丈夫だろうと判断し、お昼にしようかと思っていたら、上流から釣り人がひとり下ってきた。

その人はエサ釣りのようで、声をかけて状況を聞いてみた。僕らより1時間ほど前に入って下流からずっと釣り、我々は完全にその後を追う格好だったことが分かった。釣果は尺イワナを含め10尾ほどだったらしく、先ほどの暗雲を区切りに引き返してきたそうである。見た感じは60代と思われるが、去年まで一緒に来ていた兄が身体を壊し来られなくなったとか、いつぞやの年はすごかったなど、いろいろな話をして帰っていった。

このあたりがダム建設による
水没予定地。山を崩す工事は
現在も進行中である

源流イワナも
フライを選ぶ

以前から何回も紹介しているが、この川はダムの建設が進められていて、この区間を釣ることができるのもあと数年。タイムリミットが迫っている。現在は水没予定地の伐採と山崩しを盛んに行なっていて、下流域は少量の雨でも濁るようになってしまった。人口減少の一途をたどるこの地は、自然が残されているからこそ貴重な場所なのに、多目的型ダムという名目で自然破壊が行なわれているのは本当に腹立たしい。僕がフライを始めた原点だけに、少しでも多くこの川の姿を記憶に残しておきたいと思う。

今は、かつての旧道からのアクセスは制限されていてできない。新しくできた長大な橋の両端から川に下りることができる。左岸の山側には、かつての軌道跡が山菜道となり残っていて、木賊沢に下りることができる。そこからさらに10分ほど下ると北ノ俣沢本流にアクセスできる。右岸は上流側にロープが下がっていて、少し急斜面を下りるとスロープ状に橋の工事道路を伝って橋直下に入渓できる。どちらも同じ高低差を上り下りしなければならず、体力に自信のない方は無理しないほうがよいかもしれない。

話は今回の釣りに戻る。先行者が引き返した荒倉沢の合流上流のゴルジュを過ぎた瞬間、状況が変わった。これほど顕著にエサ釣りの先行者の影響を感じることは珍しいのだが、やはり渇水が影響しているものと考えられた。

しかし、よくよく考えてみると、釣れない原因はそれだけではなさそうだった。というのも、魚影は昼過ぎから頻繁に見えていた。それにフライを投じても出なかったのである。ようやく足跡が消えてからライズで反応したのだが、野村さんが投じた#12ほどのピーコックパラシュートはくわえなかった。ん？？？と思い、次の浮いていたイワナを僕がねらってみた。小さな巻き返しで結構頻繁にライズを繰り返していたので簡単に釣れるかと思い、#13のフライングアントソラックスを投じたが、1投目ですっぽ抜け。その後は反応するものの食わなかった。

すっぽ抜けの後にもライズが続いていることが気になり、足もとの流れを観察した。なんと、朝に見たサイズのフライングアントが動きながらかなりの量、流下していたのである。しかも、もがきすぎて尻が半沈みしている個体が多く、これはぶら下がりのフライングアントパターンが有効だと判断できた。サイズは#24くらいだったが、ここは源流域で、フライにスレていることは考えにくい。#19のぶら下がりフライングアントに変えて流すと、一発で躊躇（ちゅうちょ）することなく食ってきたのだった。

その後も野村さんは、速めの流れからパラシュートアントで32㎝を釣り、僕はフラットの流れ出しのライズを連発でものにすることができたのである。サイズはほとんどが28㎝を超えていて、尺イワナはふたりで7尾ほどになっただろうか。最後の桑木沢の遡上止では、野村さんにも34㎝が出て、最高の夏イワナ釣りとなった。

やはり場所を問わず、渓流魚はエサの流下に素直に反応するし、フライフィッシングはそれに対応できる武器を持ち合わせる釣り方といえる。そのことを最大限活かすためには、状況と季節と場所を甘く見ないことである。

たとえば源流に行くからとフライボックスを減らしたり、ティペットサイズを限定したりすること。ロッドを短くしてしまうこと。リーダーを詰めること……。そのほか羅列するときりがないが、これらはすべてフライフィッシングの利点を活かせないことに直結する。季節がどうであれ、状況がどうであれ、どんなものが、いつ必要に感じるのかは、なかなか分からない。それを常に補ってくれるのがフィッシングベストの存在であり、これがフライフィッシャーの正装でもあるのだ。あらゆる小道具を入れることができ、レインウエアや弁当、ペットボトル

先行者の後を釣っていて、サオ抜けのポイントで出た34㎝。大渓流では先行者がいても、丁寧に探れば可能性はある。だが今回は渇水で厳しかった

も楽に納めることができる。多少の重さや暑苦しさなどは補って余るほどの機能をもっていることは、ベスト愛用派の方々は重々承知しているだろう。

さらに付け加えておくと、透湿性のウエーダーも渓流釣りの革新アイテムである。僕も高校生のころからソックスウエーダー（無透湿性）を使用し、蒸れと壊れやすさからハイシーズンはウエットウエーディングですごしていた。若かったのでそれほど気にするほどではなかったが、帰路4時間コースなど歩くと膝の痛みを感じていた。これが透湿性ウエーダーが出て、すっかり解消したのである。さらにゴアテックスに変えてからは、ジャージを履いて川歩きしているかのような快適さだった。

僕の親父もウエットウエーディングで足を痛め、蒸れるウエーダーで通していたし、濡れて冷やすことの身体への影響は後々まで響く。濡れたまま歩いて感じる自然との一体感は、連日釣りをする人にとっては身体への負担になる。長くこ

入渓時に見た羽アリ。前日に落ちたものと思われた

フライングアントの半沈みパターン＃19。CDC以外は濡らして沈めるので、フロータントはCDCだけに付ける

大塚さんは、前日に岩手の渓流で良型イワナをキャッチ。しかし尺ヤマメにはそっぽを向かれてしまい、ご機嫌ななめのようす。もう1日滞在できればよかったのだが

午後、ライズしていた魚がようやく右上のフライで釣れた。そのストマックを見てみた。やはり羽アリが入っていた

北ノ俣沢の渓相。印象としては、およそ5割減の水量だった

九州から来た野村さん。我々が引き返した桑木沢最初の遡上止ノ滝で、左岸の巻き返しでライズしていた魚を釣りあげた。流れが速かったせいか、＃13のピーコックパラシュートでの釣果だった。ちなみに翌日には39cmのイワナを釣っていた

フライングアント半沈みパターンをくわえたイワナ。ライズフォームは静かで、水面に波紋が広がる程度だった

の遊びを続けるためにも、下半身は濡らさずに保護するのがよいことは強調しておきたい。

ウエーダーとベストはフライフィッシャーにとって、手放してはならない必需品だと思う。縫製業界の変化のためベストの価格高騰が止まらないが、なくなってしまえばもう作られない商品になってしまいかねない危惧を感じている。

驚きを見つける悪条件の日の釣行

魚が明確にフライを見極め、食うかどうかを判断してくることは、源流でも起こる。今回はそのことを再確認できた。そして久々にアブに悩ませられないで、8月のこの場所に立てたのは至福だった。

長い間この渓に通っているが、最も魚の少ないゴルジュ区間でライズしているイワナたちをこれほど確認できたのは、30年近く前の8月上旬以来のことである。その時は台風による大雨の後で好条件で

右頁で野村さんが持っている34㎝。夏イワナのコンディションはよく、発色がきれいで引きも強かった

あることは確実な日だった。今回は、まあよくないだろうと思っていながら、巡り合うことができた好条件だった。

いつも感じるのだが、フィールドにいないことには間違いやラッキーも起きない。成熟した釣り人になればなるほど「今はダメだろう」と予測したら、水辺に立たなくなってしまう。つまり新発見という最高の楽しみを、自分自身でなくしてしまうのだ。条件がどうであれ、川に通ったころを思い出してほしい。悪条件だと予想した時の幸運ほど、ひとり占めできるものだ。そんな経験が、その後のモチベーションにも影響したはずである。

行かない言い訳を考えるなら、行くための言い訳を考えたほうがいい。結果にこだわらず、その時の状況を楽しむ。毎回魚が釣れることを望むのが釣りではない。悪条件も前向きに楽しんだほうが、いつか来る好条件のありがたさも、ひとしおではなかろうか。

渓流のキャスティング技術

自分の釣りに活かせるキャスティングスタイルを
身につけよう。基本は同じでも、
タックルとスタイルがちぐはぐでは上達は覚束ない。

こんな魚を手にするために……

自分の釣りにマッチするキャスティング

僕はライトタックルでのドライフライのみにほぼ限定して、フライフィッシングを楽しんできた。この釣りのキモはキャスティングだといってよい。最低でも魚が捕食するところまではフライが届く必要がある。トラブルで時間を使っている時間があるなら、フライを水面に置いておきたいと思うわけだ。

ロングティペット・リーダーを使う場合、キャスティング技術には、それを扱う所作も含まれる。これが難しそうで……やっぱり難しい。いくら頭で理解しても、身体がそのとおりに動くものでもない。またできている人でも、複雑すぎて完璧な説明をすることは難しい。

というわけで面倒なキャスティングなのだが、少しでも理解したうえで挑むほうが、確実に近道になる。僕がこの釣りを始めた当初は、動画の存在は皆無。ダブルホールも本から読み解くしかなかった。それでも中学のころ、真冬に毎日ロッドを振り回していたら、どこかでコツをつかむもの。独学でダブルホールまではできたものである。その1年後だったか2年後だったかは忘れたが、運よく釣り雑誌の懸賞でフライキャスティングのレッスン券が当たって、小野訓さんのレッスンを受けることができた。このことが僕のフライ人生に大きく影響し、今でも楽しくこの釣りを続けられている要因だと感じている。

現在、動画は氾濫し、情報もいくらでも入手できる。利用しない手はないだろう。さらにはキャスティングレッスンや釣りのスクールまであるし、やる気さえあればいくらでも答えがあるかのようにも見える。

だが、これが実は落とし穴。キャスティングは、その釣り方や道具に合わせた特有のものになっている場合が多いのである。要するに渓流で釣りたい人が#3ロッドを持って、フルラインキャスターに教えを乞うても、まずは練習用の道具自体を変えられてしまう。高番手の硬いロッドで練習が始まるわけで、これは渓流でロングティペットを使った釣りとは、少し異なる技術になる。もちろん共通部分はたくさんあるのだが、初心者がそれを理解するのは難しいだろう。

どちらのキャストもできたうえで、自分の釣り方に応用していくのが理想だが、まずは自分の方向性を決めるべき。そのうえで、自分の釣りに活かせるキャスティングスタイルを身につける必要がある。

今回は基本を踏まえつつ、ロングティペット用のキャスティングを解説したい。当然、そのためのセッティングが重要になる。ライトタックルでのドライフライが前提となり、流れを釣りたいので長いティペットの必要性が出てくる。それをトラブルなく快適にキャストできるロッドはもちろん、ラインのテーパーや硬さ、リーダーの形状、フライの空気抵抗などすべてをベストにセッティングするのが大事だ。

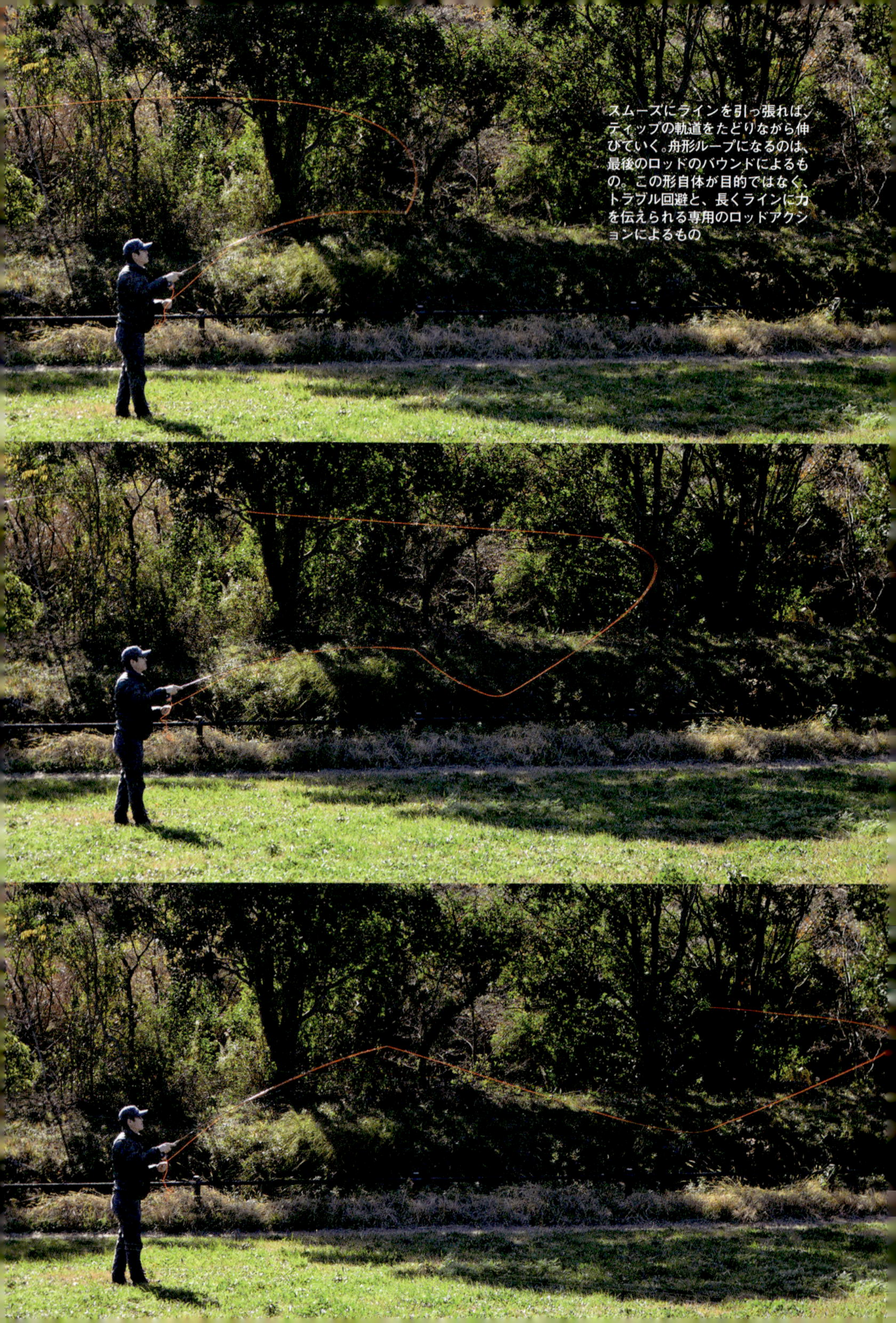

スムーズにラインを引っ張れば、ティップの軌道をたどりながら伸びていく。舟形ループになるのは、最後のロッドのバウンドによるもの。この形自体が目的ではなく、トラブル回避と、長くラインに力を伝えられる専用のロッドアクションによるもの

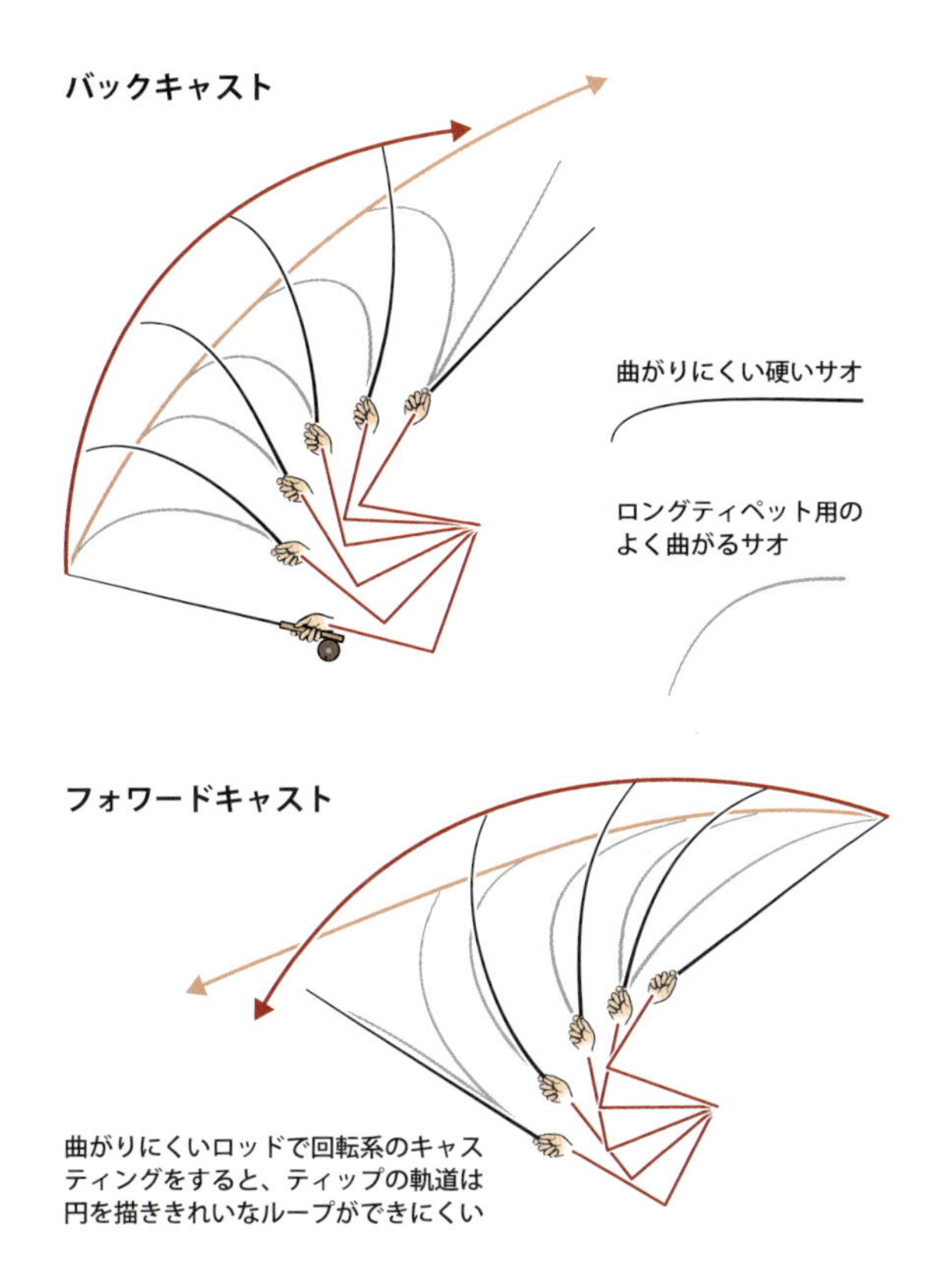
バックキャスト
曲がりにくい硬いサオ
ロングティペット用の
よく曲がるサオ
フォワードキャスト
曲がりにくいロッドで回転系のキャスティングをすると、ティップの軌道は円を描ききれいなループができにくい

ショートストローク（近距離・スロー）

左／ショートストロークのバックキャストでは、ラインは上側に角度をつけるため、サオを倒しすぎないようにする。イメージは垂直を超えないくらい
右／ショートストロークのフォワードキャスト。肘を下げて最後はダウンリストで終了

ロングストローク（遠距離・ハイスピード）

左／ロングキャストでは、ラインを長く引っ張る必要がある。バックキャストではリールが耳の位置に来るくらいのイメージ
右／フォワードキャストでは、長くラインを引っ張りながらダウンリストへ。ショートストロークの時と比べると、その違いが分かるだろう。ラインが長いと水面などに落ちてしまいやすい。ロッドの向きは水平に近い感じ

僕の場合、ロッドは7フィート7インチ#3が渓流用のメインロッドで、竹ザオを主に使用する（本流では#4ロッド、雨や源流ではグラスも使用）。ラインはDT#3~4で、自分がデザインしたLDLラインを使っている。リーダーもLDLリーダー15フィートを使用し、4Xをメインにしている。ティペットは5Xがメインで、フライサイズにより前後2サイズ用意している。そしてフライは、空気抵抗を考えたパターンをメインとしている。

　簡単にまとめるとこんな感じだが、これは僕の個人的なセッティング。あくまでも参考としていただきたい。

渓流の釣りのための15ポイント

①キャスティングは複雑かつ繊細。簡単には習得できない

　できる人にいわせると簡単なように解説するのだが、実際は非常に複雑で微妙な力の強弱によって成り立つ。簡単なわけがない。自分がどれくらいロッドを振って、どれくらいその感覚を実感し、どれくらい修正能力があるかにかかっている。ある程度のところで諦めず、さらなる安定と向上に努める意識こそ、上達の近道だ。

　僕自身も当然、完璧などほど遠いものだと感じている。もっと上手くキャストできるようにと常々思いながら釣りをしている。

②ロッドは人に合わせてくれない

　道具は決められたシチュエーションで能力を発揮するようにデザインされており、すべて同じように扱うことはできない。ロッドでいえば、それぞれの重さやアクションに合わせて振り方を微調整しないと、ラインをコントロールすることはできない。

　自分が釣りたいスタイルを意識してロッドを選ぶことで、それを上手に扱っている人の振り方を真似ることが可能だ。だが、そうでない場合が多いようなので、力学的、感覚的説明やモチベーション論まで必要となる。自分がどのような釣りを目指すのかによっても変わるし、道具はそれを大きく左右する条件にもなる。

③舟形ループに固執しない

　人の目やループの形状などばかり気にしていていると、釣りとかけ離れたキャスティングになることが多い。快適に釣りを楽しむために、キャスティング技術はある。たとえば「舟形ループ」に固執してはいけない。ラインの方向性や、フライ、ティペットをどのようにプレゼンテーションできるかが問題なのである。

　キャスティング時は、自分のループを観察してはいけない。ループを見ようとすると横からのぞきたくなる。もし見るのなら正面方向で、左右のブレを確認すると、ループもフォームも改善する。

　また練習時もハリ先を折ったフライなどを付け（キャスト時のフライの抵抗は、たるみをつくらないための重要ポイン

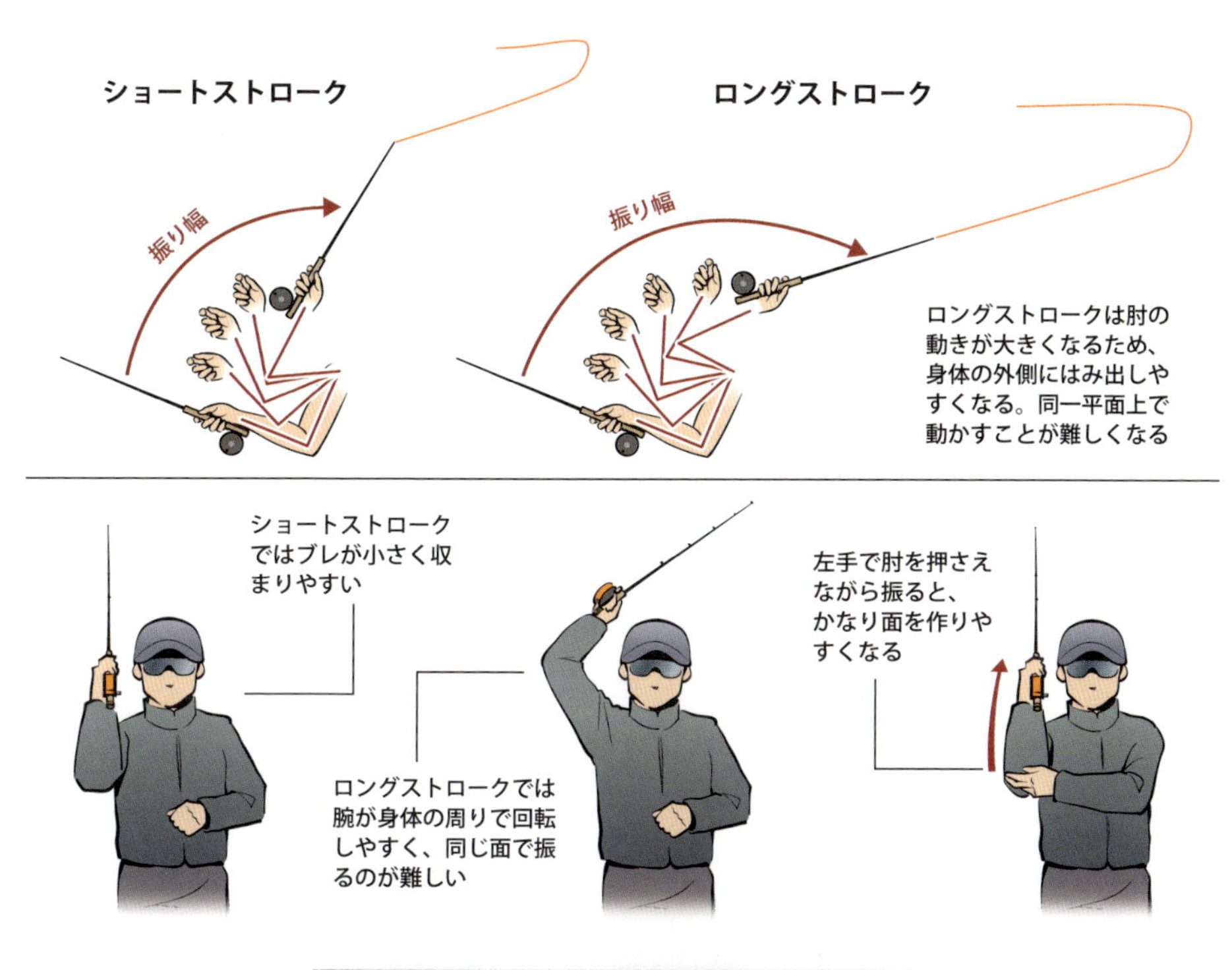
ショートストローク
ロングストローク
振り幅
振り幅
ロングストロークは肘の動きが大きくなるため、身体の外側にはみ出しやすくなる。同一平面上で動かすことが難しくなる
ショートストロークではブレが小さく収まりやすい
ロングストロークでは腕が身体の周りで回転しやすく、同じ面で振るのが難しい
左手で肘を押さえながら振ると、かなり面を作りやすくなる

上段＝Vグリップはロッドと腕が一体化しやすい。バックキャスト時に後方に倒そうとしても、ストレートリストに近い位置で収まる

下段＝一方サム・オン・トップの場合は、手首が後方に倒れやすい。これらは手の構造上仕方がないことで、それを理解してグリップを考えるとよい

ト）、ねらう場所を想定して、そこにしっかりプレゼンテーションするイメージが重要になる。真っ直ぐにポイントに向かってフライが投射できていれば、結果的にきれいなループになっているはずである。きれいなループが目的でなく、それが結果的につくられるものでないと意味がない。

④ロッドティップは同一平面上を移動

ラインは直線的に引っ張らないと上手く伸びていかない。それを実現するには、ティップがロッド自体と同じ平面上を移動する必要がある。バックとフォアの方向が、障害物などにより異なっても、それぞれに平面を作る必要がある。また方向転換角度が大きいほど、長いストロークを必要とする。

まずは方向を変えずに、ストローク幅を変えてキャストできる練習が必要。ストロークを長くすれば面を維持するのが難しい。ロングストロークで面を維持するには、身体の構造上厳しい動きを強要される。鏡に向かって定規などを持って確認するとよい。自分が思う真っ直ぐと、実際の真っ直ぐの違いを知ることは不可欠だ。

⑤滑らかでスムーズな動作を心掛ける

ロッドでラインを引っ張るわけだが、急激すぎる動作は力の伝達の妨げになる。スラックやテイリングなど、トラブルにもつながりやすい。とくに加速時の急な動作と、急激すぎるストップは厳禁。ロッドのしなりとラインにかかった負荷は、急なストップの余波を消してはくれるが、それは力強い加速のあるループができた時の話。

スムーズな加速とは、確実にスタートからフルパワー時までティップスピードを上げ続けることを意味する。自分がラインを運びたい方向に、しっかりループの方向が向かなければならない。

⑥ティップの軌跡がループの形状となる

ロッドティップがラインを引っ張るわ

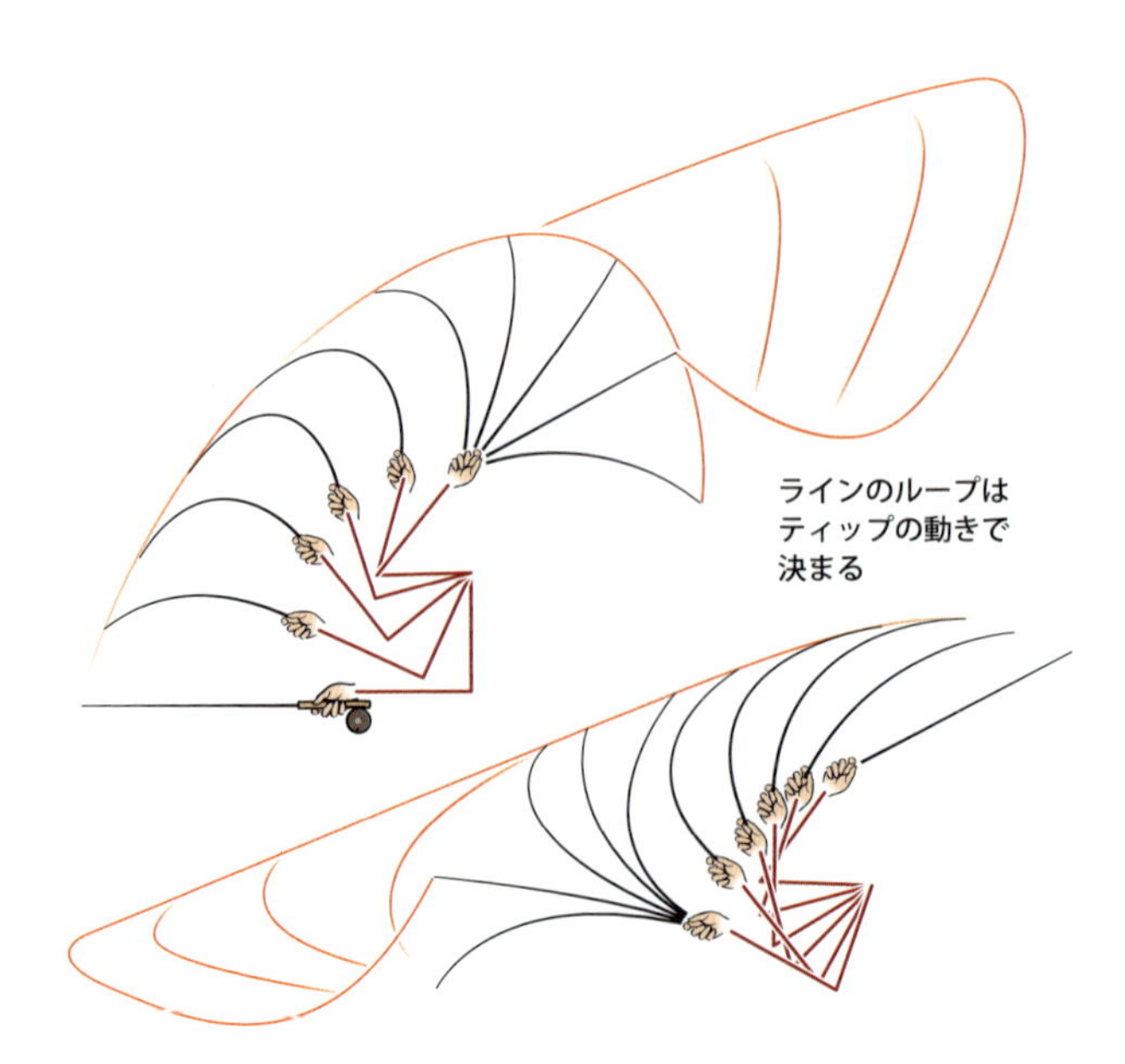

ラインのループは
ティップの動きで
決まる

上段＝適正なフォワードキャストでは、このようなイメージで手首を動かす。スタートとともにダウンリストへの動きを開始し、最後はフルダウンリスト

下段＝こちらは悪い例。左から２〜３番目の写真を比較すると分かるが、ロッドとラインの重さに負けてリストが後ろに倒れてしまっている（オープンリスト）

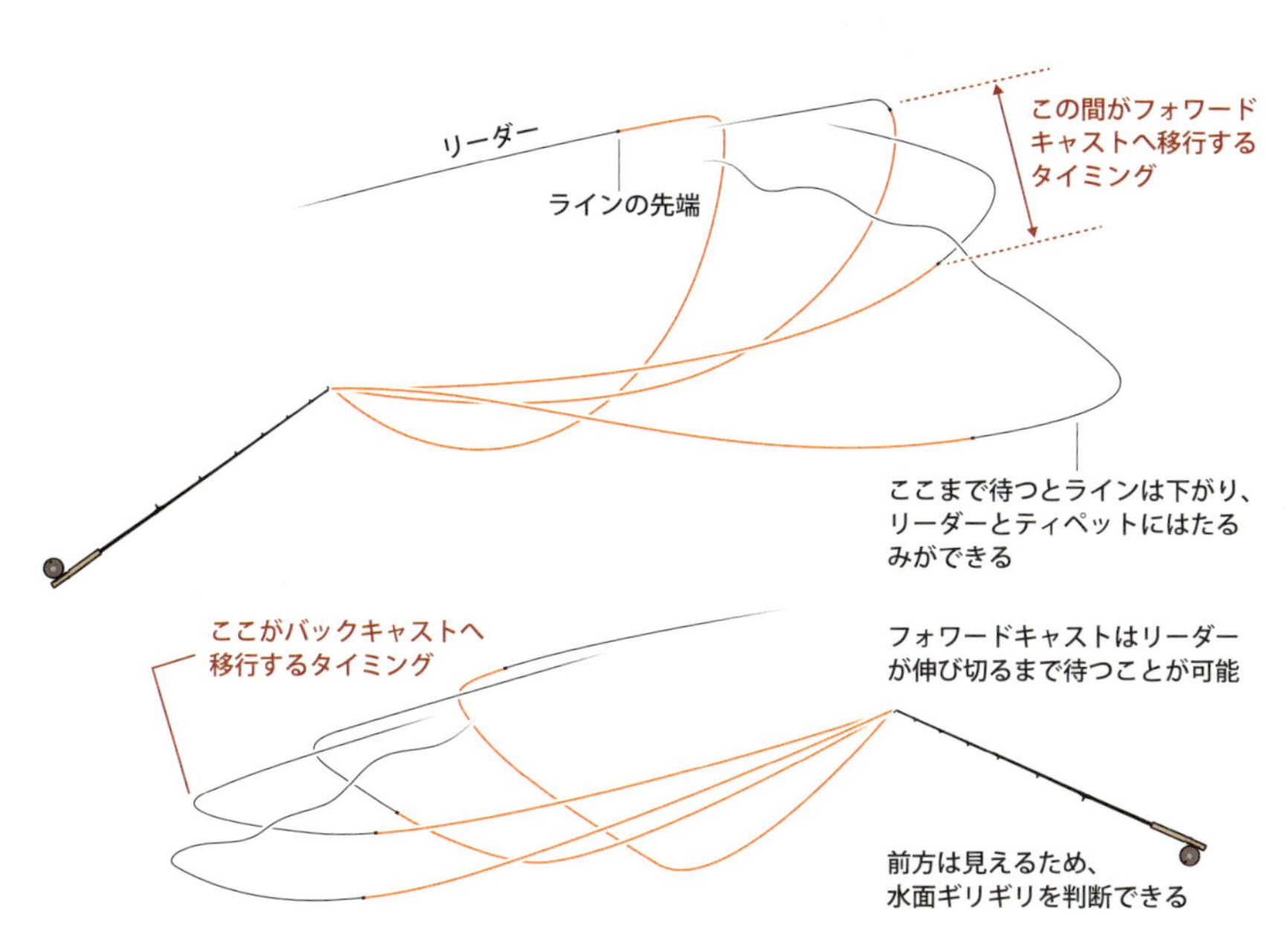
リーダー
ラインの先端
この間がフォワードキャストへ移行するタイミング
ここまで待つとラインは下がり、リーダーとティペットにはたるみができる
ここがバックキャストへ移行するタイミング
フォワードキャストはリーダーが伸び切るまで待つことが可能
前方は見えるため、水面ギリギリを判断できる

テイリングが起きると、ループが交差してトラブルの元になる。原因はさまざまだが、それを特定して修正する必要がある。とはいえ自分ひとりでは分かりにくいので、スクールに参加するのもおすすめだ

けなので、その動きがループの形状となるのは容易に想像がつく。だが、実際はイメージとかみ合わないもの。ロッド自体が大きく曲がり、バットにラインが乗っている時は、ラインとティップは同調している。そのためティップの軌道を意識することは、ほぼ不可能になる。しかし、ロッドが反発し始めてからはティップの軌道が直接関係してくる。そして、このタイミングでのティップ軌道が最も重要なのだ。要するにティップを意識できるのは、ロッドが返り始めてから停止までである。これはフォワードもバックも同様といえる。

⑦フォワードとバックは同一だと考えなくてよい

近距離キャストがメインになる渓流のキャスティングではループを前下がりにする必要がある。重力の関係上、滞空時間が異なり、差が生じるのが普通だ。つまりバックキャストを高い位置で展開しておかなければならず、これは待てば待つほど落ちてきてしまう。そのため早めにフォワードに展開しなければならない。しっかりとループ全体の張りが保たれていれば、ライン自体が真っ直ぐになる寸前（リーダーとティペットは、たるみさえなければターンしていなくてもよい）からフォワードに移ってよい。

これはあくまでも斜め上空に力強く伸びていくバックキャストが前提であり、伸び損ねるような弱いバックキャストではたるみが生じるため成立しない。

⑧腕とロッドを同調させる動かし方

「サオは腕の延長」とはよくいったもので、そのような状態に近いほどロッドを曲げやすい体勢になる。たとえば流れに対して下流に真っ直ぐラインを流して、腕を真っ直ぐにする。そしてラインを手首だけで持ち上げた場合と、腕全体で持ち上げた場合を比較してもらいたい。ラインが動く幅が、歴然と変わるはずである。大きく動かすメンディングのキモもこれだ。

これはロッドとラインの重さに対して、手首を支点にした場合のほうが弱いからで、肩が支点になるとたやすく動くことが分かるはず。回転により曲げたいと思うと、手首に頼りがちになる。だが竹やグラスなど比重の大きいロッドの場合、それでは一日中振り続けることは難しい。竹やグラスの利点は、その重さを活かすこと。それができれば利点は多い。また、左右の動きを意識することも重要。腕よりロッドが外側に出る場合が多いが、これでは前に説明した面を作ることが極端に難しくなる。ロッドを持ったうえで、小さなハンマーでクギを打つような動きができないと、リストダウンを含め、面を作ることは困難なのだ。

⑨ロッドとラインを支えるのは必要最低限の力

曲がったロッドにラインが乗る負荷は結構大きなものだが、最初から全力で握ってしまうと肝心な時に力を強くすることができない。キャスティングのキモとして「最大握力で握るタイミング」（最大握力期）があり、その余力は確実に残しておかなければならない。そうでないと、力強いループを作りにくいのだ。

どのスタイルのキャスティングにも共通するのが、この最大握力期。バックキャストの場合はダウンリスト（手首が前に倒れた状態）からストレートリスト（手首がほぼ真っ直ぐになる状態）に移行する間。フォワードキャスト時はストレートからダウンに変わる間に、必ずこれがないといけない。

ダウンからストレート、ストレートからダウン、このリストアクションをスムーズに行なうためには、「最大握力期」を作る必要があるのだ。そのタイミングは、ロッドの負荷がほぼ最大になる前。失敗例として、バックキャストの場合、タイミングを逃すとダウン→さらにダウン→いきなりオープン（手首が後ろに返った状態）となりやすい。フォワードでは、ストレート→オープン→急激にダウンとなる。当然、ティップの軌道はロッド角度を保てなくなるため、窪みを生じさせることとなる。すなわちテイリングループになるわけで、確実にタイミングをつかむ必要がある。

⑩曲げられたロッドは「硬くなる」

しっかりとライン負荷がかかり曲げられたロッドは、硬く感じるもの。これは軟らかいロッドほどよく分かる。真っ直ぐな状態ではぐにゃぐにゃしていても、キャスト中はバネのようにしっかり機能する。

これは真っ直ぐな状態からは軽い力でロッドが曲がり、しっかり曲がってからはより強い力をかけないと曲がらないためだ。まあ当たり前のことではある。だがキャストの力学上、このことは充分に理解しておかなければならない。

その硬くなった瞬間（キャストのフルパワー時）の寸前こそが「最大握力期」であり、その状態になってしまえばロッドは保持するだけでしっかり跳ね返ってくれる。ロングストロークやロングライン・コントロール、あるいは風に負けないためのラインスピード・コントロール……。すべてはロッドが硬くなるところまで曲がってからのコントロールだといえる。この重要性を考えると、負荷によって曲がっていくロッドアクションが必要になることが理解できる。

⑪すべての支点でテコの原理が発生する

キャスティングでは、肩、肘、手の3ヵ所を同時に動かすことで最大限の力を発揮している。その感覚を、細かく説明してみたい。

バックから説明すると、まず肘、手首は固定したまま、肩の回転により上昇。手と肘の中間部を支点に意識したテコのような動きになる（肘は、下げた状態から持ち上げると前方に動く。肘と手首の角度を変えなければ、支点を中心としてロッドを曲げるように負荷がかかる）。

そこから肘の角度をわずかに狭くしながら、手首も少し開いていく。ここで手首を支点としたテコが作用し、さらには

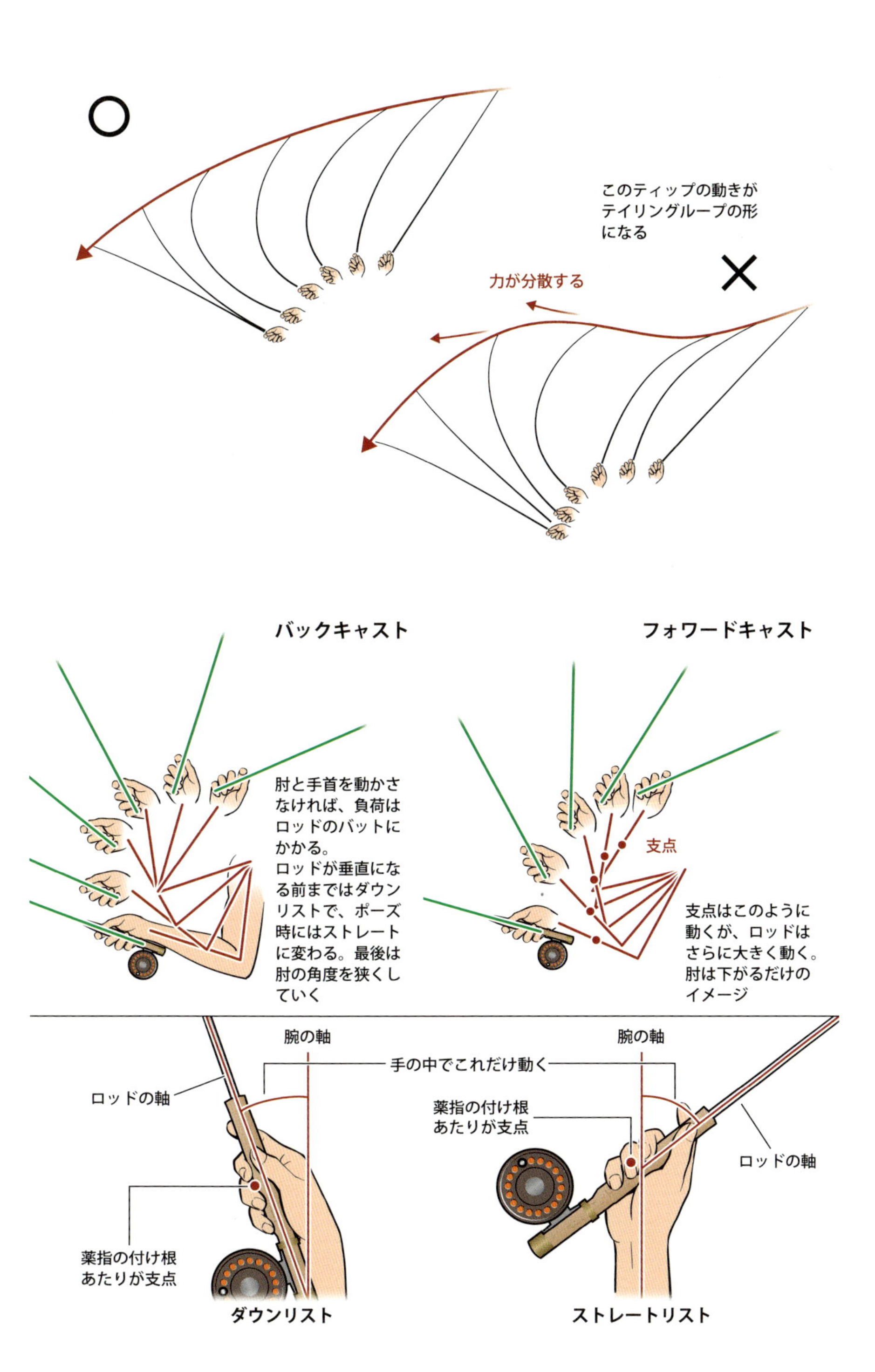

○
このティップの動きが
テイリングループの形
になる
×
力が分散する
バックキャスト
フォワードキャスト
肘と手首を動かさ
なければ、負荷は
ロッドのバットに
かかる。
ロッドが垂直にな
る前まではダウン
リストで、ポーズ
時にはストレート
に変わる。最後は
肘の角度を狭くし
ていく
支点
支点はこのように
動くが、ロッドは
さらに大きく動く。
肘は下がるだけの
イメージ
腕の軸
腕の軸
手の中でこれだけ動く
ロッドの軸
薬指の付け根
あたりが支点
ロッドの軸
薬指の付け根
あたりが支点
ダウンリスト
ストレートリスト

同時に手の中で薬指の付け根部分を支点としたテコの力が作用する。これはフォワードの場合も逆の順番で同様に作用し、少ない力で力強いループを作ってくれることになる。

　動かさない部分と同時に動く部分などを上手に利用して、竹やグラスのロッドを思うがままに扱うのは、本当に気持ちがよいものだ。

⑫ラインの負荷を常に感じ続ける

　いかなる場合でも、ロッドや腕にラインの負荷を感じていなければ、それをコントロールすることは不可能だ。抜けているように感じる瞬間は、ラインにたるみができている証拠。コントロールできるライン・リーダーと、微妙にコントロールできないロングティペットが、釣りにさまざまな可能性を与えてくれる。

　キャスティングの最中はラインのコントロールに集中し、絶対にたるませることなく、ロッドに乗せ続けて引っ張り回さないといけない。ラインは、たるんだ瞬間にコントロールを失うのだ。

　ロッドの動きのみでコントロールすると考えると難しそうなのだが、実際はラインのループ形状やスピード、トルクなどにより、ラインのコントロールは保たれる。よいキャストでは、ロッドを止めてもライン自体が力を保ち続けてくれるのである。そのためのキャスティング技術であり、前後にしっかりとした方向性のあるループを作れることが重要なのだ。

⑬あらゆる角度でキャストできるように

　キャスティングで得意の角度を持ってはいけない。得意があるということは、苦手があることを意味する。つまり攻略できないポイントを自ら作っていることになる。自分の正面に対し、すべての角度で同じようにキャストできるのは、釣りではかなり重要なことだ。これはロングティペットの釣りの多用性と利点を最大限に活かすためには絶対条件となる。

　ロングティペットの基本はターンオーバーさせない釣りだから、そのループの形がプレゼンテーションに直結する。フライがラインシステムの上流に落ちるのか、下流に落ちるのかが釣果を左右する。要は流れのあるほうに対してロッドを倒さなければならず、右岸から釣りをしていれば右のスリークオーター、逆なら左のスリークオーターでターンオーバーしないようにキャストすれば、たるみを作ったままフライ先行で流れてくることになる。これはとても重要なことだが、ベテランでも得意の角度にこだわっていることが多く、ポイントを台無しにしているのを見かける。

　つまり自分が得意な角度に固執することなく、そのポイントが要求するのにしたがって、ロッドをあらゆる角度で振れることが大切だ。そしてどのような方向にロッドを倒しても、同じようにループを作れるのが理想。重力の関係を理解すれば、不可能なことではないと思う。

　ロッドを左、あるいは右に倒した場合でも、やはりベクトルは前下がりでなければいけない。そして同一平面上でロッ

バックキャスト時、正面から見て肘からロッドまでがほぼ平行になるのが理想。右３点はよくない例で、ロッドが外側に向いたり、内側に向いたり、あるいはねじれたりするのは NG

グリップ３パターン。ここでは３つとも、ダウンリストの形で握っている。握り方によって、手首がどの程度下げられるかが違うことが分かるだろう。
左は僕が普段使うＶグリップ。左右のブレに対応しやすく、手首の可動範囲も広め。真ん中はサム・オン・トップ。重いサオで、長めのストロークで投げるのに向く。手首は動かしにくく、ロングティペットでの釣りには向かない。右の人差し指をグリップに乗せるのは最も手首を使いやすいが、長いストロークのキャスティングには向かない。軟らかいサオで、短い距離のキャスティングにはよい。リストが硬い人などは投げやすい場合もある

フォワードの際も同様で、正面から見て肘からロッドまではほぼ直線になるように注意。中、下のように外側や内側に傾いていたら修正が必要

ロッドの角度を変えた時には、肘から先の腕の角度がロッドと同じ角度になるように。オフショルダーのキャストでは脇が開いて、肘が上がる。逆にフォアサイドキャストでは脇を締め、かなり窮屈な姿勢になる

ドを動かせないと、ハイスピードのループは作れない。スローにしてみると顕著だが、ラインは時間とともに落下する。これを踏まえたうえでキャストすることが重要。前後でのラインの軌道は、前を下げるため、バック時にはティップより低くなる。そして後ろは上げるため、フォアは上を通ってくる。逆であれば面で振れていないことを意味する。

⑭リストは左右にぶれないように

キャスティング中、あるいは釣りの最中も、ほとんどがダウンリストからストレートリストの範囲でリストアクションすると思ってよい。キャスト中はもちろん、アワセの時もオープンリストはいろいろな弊害を及ぼす。

このダウンからストレートまでの動きは、振っている腕の面に平行でなければならない。平行でなくなった瞬間に、ラインの直進性がなくなるのだ。ロングティペットのプレゼンテーション時には、そのわずかなズレがリーダーの先で増幅して悪影響を与える。リスト角度における数度のズレは、ロッドティップではどれくらいのズレになるか考えてほしい。

ストレートからダウンの最中にしっかり曲げられたロッドは、その正反対に返ろうとする。そのため、最初にしっかり面で振ることができれば、後はスムーズに同じ平面上に乗るものである。

⑮セオリーを身体に教え込む

キャスティングの難しさは、じっくり考える時間がなく、すべてが同時に近いタイミングで行なわれることにあると思う。理解ができても容易に実現できないのは、僕自身が左手で振ってみてよく分かった。身体も頭も一緒だが、利き手でないとまったく上手くいかないのである。

しかし、少しやっているとコツが見え始める。まずは理論を理解して試すこと。上手くいかない部分は再度理論を確認して、また振る。これを繰り返すことが大事だと思う。どんなスポーツでも、反復練習なくしては上達しない。

多少バイブレーションを起こしても、ループに力があればラインに引っ張られて打ち消してくれる

ここで説明したことは、キャストのためだけではない。さらなる楽しみを追及する釣り人への、僕自身が日ごろ思っている気持ちであり応援でもある。

フルライン・キャストは、渓魚を釣る目的においては、それほど重要ではない。だがキャスト力なくしては、その川の素晴らしさ、可能性すら感じることはできない。実際はプレゼンテーション能力になるわけだが、そのすべてをコントロールするのがキャスティングである。僕自身、キャスティングだけの練習をすることはまったくないのだが、釣りのすべては上達も意識したうえで行なっている。

シーズン前に少しでもイメージして、心にとどめていただければ幸いである。

そして最終的には各自が自分のキャスティングを理解し、説明できるようになり、後続に伝えてくれるようになるのが理想だろう。先生がいたほうが、この釣りは上達しやすい。そうなれば、この釣りは子どもや孫にも末長く楽しんでもらえるはずだ。

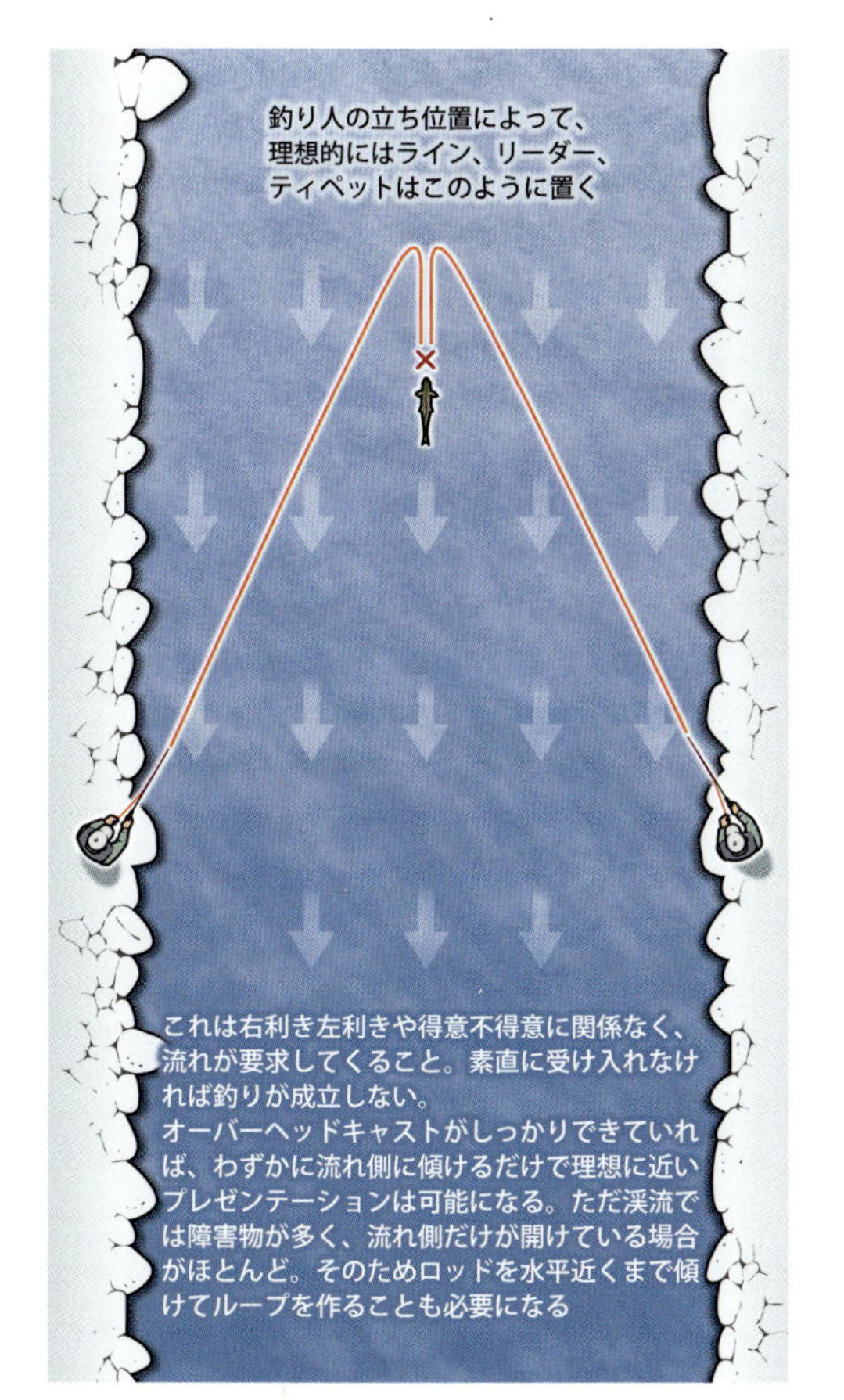

釣り人の立ち位置によって、理想的にはライン、リーダー、ティペットはこのように置く
これは右利き左利きや得意不得意に関係なく、流れが要求してくること。素直に受け入れなければ釣りが成立しない。
オーバーヘッドキャストがしっかりできていれば、わずかに流れ側に傾けるだけで理想に近いプレゼンテーションは可能になる。ただ渓流では障害物が多く、流れ側だけが開けている場合がほとんど。そのためロッドを水平近くまで傾けてループを作ることも必要になる

釣るための道具の選択

ウエーディングシューズ、ウエーダー、
ベスト、レインギア、偏光グラス……
それぞれの製品に求められる機能とは。

機能的な道具をそろえることで、
効率よく釣りができる。結果的に、
このような魚に出会う確率は高く
なるはず

道具に求める
安全、機能性、デザイン

快適に釣りを楽しむためには、ロッドやフライから身支度、装備に至るまで、適切な物を用意することが必要になる。前回解説したキャスティングも、すべてバランスの取れたセッティングがあってこそ成り立つもの。道具の選択は、真剣に考えなければならない。ただし道具のセッティングは、釣り人それぞれの考え方や釣り方、スタイルなど複数の要素が絡み合って決まる。意外にベストなセッティングはつかみにくいものである。

尺を超えるヤマメを専門にねらうとなると、さらに綿密なセッティングを要する。これを自分のものとして確立するのは難しい。

以降は僕自身の釣りスタイルの話になるのだが、それぞれ選択の理由を考えることで、読者の皆さんのセッティングに活かしてほしいと思う。今回はまず、釣り具以外のギアに絞った話を進める。効率のよい道具選びを意識していただくきっかけになればと思う。

かつては、ネームバリューやブランド力の強い海外メーカー製品が、性能面で上回っているように感じられた。だが日本のフライフィッシングが独自の文化を発展させて、すでに30年以上になる。日本での釣りには、やはりこの国のフィールドで進化したギアが最適だと思う。

フライフィッシングに限らず、他の釣りでも同じだと思うが、ギアには三大原則があると考えている。第一は「安全」。これは耐久性にもつながる最重要課題である。たとえばそのウエアを身につけていることで、危険を招いては絶対にいけない。逆にそれを身につけることで危険から免れるようでないと、アウトドアギアとして存在する意味がないのだ。

第二は「機能性」である。釣りはいろいろな物を持ち歩く必要性があるし、急いでそれらを出さなければならない場面もある。「この場面で、あれがあったら……」と思うことは、多くの人が経験しているだろう。できる限り現場での要求がかなえられるように、必要な物は持ち運ぶべきなのだ。

そして第三は「デザイン」だ。安全で使いやすく、見た目にも格好よいことで、誰もが求める物になる。これは仲間たちと楽しむことにもつながってくる。

野外で使う道具類は、机上では絶対に生み出せない。その性能を確認することも、やはり野外でないとできない。つまりフィールドで試さないと、道具の進化はない。たとえば耐久性1つ取っても、さまざまなシーズンと場所でのフィールドテストが、今よりもさらに必要だと思っている。

ウエーダーを快適に着こなす

まずは下半身のウエアから考えてみよう。基本的に渓流域で釣る場合、フライフィッシングではウエーダーを着用した

▲7月の最終週、昨シーズン（2014）最高の1日をすごせた。その日のベストといえる34cmオス。傷ひとつない理想的な魚体。こういうヤマメを釣るために、道具に関しても試行錯誤を繰り返している

『J-Streamベスト』は渓流の釣りにおいて、必要なものはすべて納められるように設計されたもの。ラインやティペットが引っ掛かりにくいように作られている

『クイックジップ5ウェーディングシューズ』は、とにかく着脱が楽だ。一度使ったら手放せなくなるはず

『J-Streamウェーダー』（2016年新製品）。立ち込むシチュエーションの多いフライフィッシングでは、ウエーダーは必需品。防水透湿性素材を使用した近年の製品は、耐久性や動きやすさの面でも大きく進化している

『ショートレインジャケット』のBL、BXLサイズは、身幅に余裕を持たせたタイプ。ベストの上から着用することを考慮して作られた。中肉中背の僕はBLを使っている
※2016年カタログではBL、BXLサイズは欠番

ほうがよい。これは他の釣りに比べ、立ち込むシチュエーションが多く、ライズが続いている場合など数時間もの対戦も余儀なくされるためだ。こういった状況は源流域でも希にあること。僕自身、目の前のライズに身動きが取れない状況に遭遇したことが、記憶に新しい。

身体への負担を避けるためにも、ウエーダーは必需品だと思う。若いころは夏にはウエットウエーディングをしていたが、帰宅後に疲れが残ったし、膝が痛くなった記憶もある。

そのころは透湿性の素材がなかったため、蒸れ蒸れで動きにくいウエーダーしかなかった。その後ゴアテックス素材のものが出たが、高価でなかなか手が出なかった。ようやく防水透湿性のウエーダーを履いたのは、22～23歳の時だったと思う。ゴアテックスではなかったが、ジャージのように快適で、もうウエットウエーディングの必要はないと思った。

やがて耐久性や動きやすさが進化し、デザインもスリムになっていった。ソックス部分もかなり改良が進み、不満はほぼなくなりつつある。

　もう1つ、大きく進化したのがインナーだ。以前はウエーダーの下にジャージを履いていたが、その後は速乾ストレッチパンツに移行した。今はタイツが普通である。それぞれの段階で、大きく快適になってきた経緯がある。タイツに至っては、もうウエーダーの下はこれ以外無理といえるくらいの快適さである。

　ちなみにネオプレーンウエーダーに関しては、渓流では必要を感じなくなっている。これも優れたインナーの存在が大きい。現在でも保温素材やダウンインナーなどで充分な快適さを得られているが、さらに動きやすく熱を逃がさない素材も進んでいるらしく、楽しみである。

ソールはフェルトかラバーか

　シューズは、ウエーダーと一体型の長靴タイプも楽でよい。だが歩きやすさを考えると、断然ウエーディングシューズがよい。長靴タイプは中で足が動くのと、脱いだ後に靴の中を乾かしにくいのがどうも嫌である。着脱が楽なのはよいが、数分の違いでしかない。釣りは数時間続くのだから、やはりその時の快適さを優先したい。軽量化が進み、脱ぎ履きしやすいジッパーなども登場して、細部も進化している。近い将来、完成形に近い状態にたどり着くのではないかと感じる。

　以前は軽さを求めると耐久性がなかったし、耐久性があると重くて仕方なかった。フェルトが磨り減るころには、シューズ自体が壊れるような製品も多かった。だが近年は軽くても耐久性が増した。やがてはフェルトを何回も張り替えられるようになるかもしれない。

　ソールは、フェルト派とラバー派で意見が分かれている。しかし使用する場所によって変えれば、それぞれのよさを活かせるだろう。川の遡行をメインで考えるなら、断然フェルト底のシューズが安全だ。おそらく多くの人が、絶対的な信頼感を寄せていると思う。

　増水後、あるいは落差の大きい川などでは、ラバーでもまったく滑らない質の底石の状態もある。だが日照りが続いたり、雪代明けなどの条件によって、滑りやすい状態に変貌することも多い。滑りやすさの見極めが難しいのが、水に濡れた石の特徴ともいえる。

　僕自身、何度もラバーソールで川を歩いた。まったく滑らない日がある反面、危険な場面にも何回か遭遇した。したがって普通に渓流を釣り上がるなら、フェルト底のシューズをおすすめする。

　ただし、フェルトにも欠点がある。滑らない良質のフェルトほど減りやすいのだ。さらに減る時は端からなくなり、硬く締まっていき滑りやすくなる。僕の場合、ほぼ可能な限りシーズン中は川に立つため4足ほどを履きつぶしている。その点ラバーは磨耗が少なく、一気に滑りやすさが変化するようなことは少ない。

　ほかにもラバーの利点はある。たとえば川から離れて登山道や山菜道を歩く場合、土の斜面ではフェルトは格段に危険

あくまで透明な水の中、躍動感があって美しいヤマメが疾走する

大ヤマメが釣れるのは、やはり規模の大きな渓流であることが多い。そして、得てして入渓しにくいものだ……

虫の観察も、この釣りでは必要。東北では、あまりフン虫を見かけない。これはセンチコガネかと思う

アブの多い時期に見かけたオニヤンマ。どうせなら、アブを食べ尽くしてからお亡くなりになってほしかった……

度が上がる。エッジが減りにくいラバーのほうが、安全に楽に歩くことができる。

つまり自分が行く川の状態を見極め、その場所によって使い分けられるようになるのがベスト。各メーカーはいろいろな宣伝文句を謳うが、川で絶対に滑らないソールは存在しない。それを理解したうえで選択することが、事故を避けることにつながる。

渓流での最適ベストの収納力

その他のウエアに関しては、ソックスの進化も釣り人を快適にしてくれた。現在は、オーバーソックスなどを利用しない手はない。時期別に適したものが用意されているので、試していただきたい。

上半身のウエアも、インナーを含め快適になっている。ただしこれは、釣り用だからといって特殊な機能が必要なわけではない。登山用なども含め、速乾素材や保温素材などを組み合わせて、シーズンを快適に乗り切りたいものである。

ベストやバッグなどは、釣り方やスタイル、嗜好によって異なるだろう。僕にとっては、ベストはなくてはならない釣り道具の1つだ。背中には雨具や昼食&飲み物、救急用品（ポイズンリムーバーや絆創膏、薬類、替えのコンタクトレンズ、ティッシュペーパー、ナイフ、ライターやマッチなど）、各河川の遊漁券まで楽に入る。前面には、その場に適用するフライ類やイト類、フロータント、カメラなどなど、釣りに関するものすべてが収まる。

ベストは、詰めすぎると重くなって肩への負担が増す。だが渓流のドライフライでは、これに勝るものはない。ただしツーハンド・ロッドを使用するとなると前の出っ張りが邪魔になるので、ショルダーバッグが使いやすくなるだろう。

山の天気は突然変わりやすい

重要性を強調したいのが、レインウエアだ。いくら晴れていても、1日のうちにあっという間に変わるのが山の天気である。天気予報だけでは判断できないものだ。これは極端な場合、命にかかわることになる。長期の停滞を余儀なくされた場合（増水してしまった川では身動きが取れない状況も珍しくない）には、濡れないことが体温の低下を防ぐ。結果的に、冷静さを保てることになる。

そういう日には、自分は川には行かないからいいや、と思っている方は多いと思う。だが近年のゲリラ豪雨を考えれば、決して他人事ではない。いざという時、水が入ってくるレインウエアしかないようでは話にならない。

土砂降りの時、一気に水が浸入しやすいのはフードからだ。特に襟がなく、フードが一体型のレインウエアは、確実に首元から水が浸入しやすい。

そして最悪なのは、ベストやバッグまでカバーできない胸幅のレインウエアだ。ベストやバッグが完全防水であることはまずない。そのうえ、濡れると困るものばかり納まっている。これを濡らさない

33cm のメス。この日最初に釣れた尺上。やさしい
顔をしているが、体型も色も申し分ない

ためには、胸囲だけオーバーサイズのレインウエアが不可欠といえる。

以前から多くの人が、同じことを考えていたと思う。しかしちょうどよいサイズのものはあまりなく、1～2サイズ大きいものを選ばざるを得なかった。結果的に腕部分だけ長くなって、不快な思いをしていたのである。

そこでこの問題を解決できるサイズのものを、フォックスファイヤーに作ってもらった。同社のショートレインジャケットは、以前から大きめに作られてはいた。それでも足りないと感じていたので、胸囲の大きなものを作ってもらったのだ。よけいなポケットや付属機能はないが、その分コンパクトになるし、襟があってフードが一体型ではないので、豪雨時も胸元に水が入ってこない。男性用しかないのが残念だが、おすすめしたい。

日本の道具を見直すべき

偏光グラスと帽子も、釣りにおける必需品だ。渓流で使う偏光グラスは、明るく見える色を使用したほうがよいと感じている。たいていは、海などとは比べものにならない程度の光量しかない。曇った日や雨の日など、暗くて困る場面のほうが圧倒的に多いように思う。

僕の場合は、サイトマスターのイーズグリーンですべて間に合っている。ほかにはライトグレーやライトブラウン程度の色が使いやすいだろう。偏光グラスの性能は釣りの質に直結する部分でもある。性能やかけ心地を重視して、慎重に選ぶべき道具だと思う。

帽子は、以前は全体につばのあるハットタイプを使用していた。しかし雨の時にフードで覆うことや、洗濯が楽なことを考えると、キャップがベターといえる。ただ本流の炎天下では、耳や後頭部が覆えるハットが捨てがたいのは事実。つばが長く、目に光が入らないものなら、支障なく釣りができる。

僕が初めてニュージーランドに釣りに行った際には、完全にあちらの文化に感化されてしまった。現地の人々の洗練されたスタイルやファッションに、憧れを感じたものである。さらにはアメリカではヘンリーズフォークの釣りを体験し、フライはやはり海外のほうが進んでいるような気がした。

だが、日本での釣りを突き詰めていくと、それは違うのではないかと思うことがあった。

海外でも、日本のドライやニンフの釣りがすべて通用したのである。では海外の何が魅力的だったかといえば、（僕のひがみではあるが）見た目の格好よさが日本人を上回っていたことだろう。

少なくとも釣りの技術に関しては、日本の釣りは海外に引けを取らない。見た目やスタイルだけ、海外のものを真似ても、結局は劣化版になってしまうように思う。

道具の本質をとらえ、現場での経験を活かすことで、本当の意味での日本独自のフライフィッシングが作られていくのではないだろうか。

3尾目の尺上は、31cmのメスだった。小さな巻き返しの、イワナが付くようなポイントでフライを襲った

鬼怒川解禁 2015

ライズが前提となる本流でのシーズン初期の釣りでは、
天候がハッチ状況を大きく左右する。
雨で幕を開けた解禁日から4日間の記録。

解禁日のライズ。午後2時くらいに、急にライズフォームが変化した。激しいライズに変わったのは、ナミヒラタカゲロウのハッチによるものだろう

解禁前はあちこちでライズが？

解禁日、最初にユスリカパターンで釣った27.5cmのオスヤマメ。幅広で銀ピカの、鬼怒川本流らしい魚体だった。こんな魚で解禁を迎えられたのはうれしい

2015年の釣りも例年どおり、解禁日の前日に現地入りして、鬼怒川からのスタートだった。ここ数年、解禁日は暦による懸念があって、週末が解禁日になっている。もちろん週末にしか休めない人にはありがたいのだろうが、自営業の僕としてはもどかしい。しかし、いつものメンバーとの新年会もあって、解禁日の釣行は人が多かろうが、外すことはできない。そこで、とりあえず解禁から4日間、鬼怒川に張り付いてみた。天気予報では1日ごとに天気が変わり、アタリハズレが激しそうではあったのだが……。

28日、正午に鬼怒川到着。待ち合わせしていた渡辺幸宏さんとともに各所を見て回った。気温は8〜9℃だろうか。東北からするとあまりにも春めいていて驚いたが、いざ川に出てみると風が強く冷たい。ライズは風がやんだ瞬間に2ヵ所で見ただけで、3時間も歩き回ったわりにはあまり期待感はもてなかった。

しかし、その前の情報では各所でのライズの報告があった。この日のコンディションが悪かったように思う。虫の流下が確認できたのはユスリカとガガンボ、小さいカディス。ライズフォームから、ガガンボをメインに捕食しているように思われた。

数匹見たナミヒラタが気になったが、まあ明日はさらに気温が下がるのでないだろう。それにしてもやはり数ヵ月ぶりの川歩きは本当に楽しい！　少し汗ばんでくるような陽気と、強い日差しはなんともいえない高揚感がある。これでマスクが外せれば、本当に爽快なのだろうが……。かなりの花粉症患者であるため、よけいな吸入は避けなければいけないのが煩わしい。メガネは曇るし、何かもう少し快適な花粉症対策グッズが出ないものだろうか？

この日の夜はホンダのフライフィッシャーメンバーに加え、渡辺さん、写真家の津留崎健さん、『FlyFisher』編集長との宴会がメインである。明日からの釣りへの期待もあり、皆さんハイテンション。さくら市氏家にある『やなぎ寿司』が、例年の解禁新年会会場である。今年のメインは5kg級の初ガツオと、あんこう鍋、締めはやはり各種の握りである。あまりの美味しさに、明日の釣りがどうでもよくなりかけたが、早めに切り上げ翌日に備えた。明日は朝から低気温で、10時くらいから雨の予報。マッチング・ザ・ハッチの釣りとしては、願ってもない状況である。

期待の雨
うらめしい風

3月1日、6時過ぎに目覚めると、すでにしとしと雨が降り続いていた。しかも、外に出ると寒い。ほぼ秋田と同じような気温で、前日の春気分からは一転。濡れた手先などはかじかんで、思うように仕掛けも作れないくらい厳しい状況だった。

だがこのような時は、必ずといってよいほどライズは起こるもの。釣り自体には最高の環境である。もちろん尺ヤマメを釣りたかったが、自然はそれほど甘くはない。こちらの都合どおりになってくれないのが普通である。今回は、尺サイズのライズチャンスには恵まれなかった。それでも素晴らしい9寸オーバーのオスや、太った8寸級などが何尾か出て、楽しい釣りとなった。ナミヒラタが予想以上に出たのが誤算だったが……。

3月2日、ここからは取材ではなく自由な釣りの時間になる。しかし前日の予報どおり晴れて、風が強くなった。西風で冬型の気圧配置となり、この時期における最悪の状況である。気温は低いままだし、風は吹くし、花粉は飛ぶし、ライズはまったく起きない。

しかも、さらに悪条件だったのが前日の夜の大雨である。前日の釣りの最中はそれほど激しい雨にならなかったが、夜にざあざあ降りになってしまい、川は濁って増水してしまった。50㎝以上は増えた感じで、前日に雨避けで張ったタープの支柱の流木は、きれいに流されてなくなっていた。

取材がこの日でなかったことはラッキーだった。しかしまあ、天気のことだから仕方がない。

ユスリカやガガンボは、減水区間に行くとあいかわらずハッチしていて、わずかな期待を感じた。そこで半日待機したが、波立つ水面に何も変化はなし。キャップは飛ばされるわ、偏光グラスも吹っ飛ばされなくしかけるわで、1投もせずに終了した。

釣りができなかったうっぷんを晴らそうと、翌日にご一緒する予定の冨田恵一さんと合流。佐野の居酒屋で、サバ刺しをつまみに一杯。勢いでスナックでカラオケ大会に突入し、12時まで2時間歌いっぱなしだった。

朝、友人からの電話で起こされたが、声がかれて言葉にならなかった。これもまた、今回の釣行における後悔だ。人間、なかなか進歩しないものであると、いつものことながら感じる。

クルージングする
良型のライズ

3月3日。この日も天気予報どおり、寒く曇った1日だった。時おり小雪がちらつくくらいの寒さで、朝は気温2℃、夕方で4℃くらいだっただろうか。

前日から一転したのが、風がやんだことである。小さい虫のハッチに風は大敵で、荒れた水面はヤマメたちから捕食対

最初の１尾目とのファイト。水面で激しくローリングして、抵抗していた。絶対に逃したくなかったので、いつもより慎重にやり取りをした

象物を消してしまう。無風に近い状態では、ハッチの量のわりにライズが起こりやすく、よい釣りになることが多い。

水は10㎝ほど落ちていたが、まだまだ厳しい感じで、減水区間にねらいを定めた。ただ、濁りは完全に消えていたのが少し期待できる要素で、あちこち見回るべきだと思った。

８時半くらいに川に着いたのだが、一回りしたためねらいのポイントに入ったのは９時。もうライズしていてもおかし

２月28日、下見の時に見たライズ。かなり風が強かったが、それがやんだ瞬間に単発のライズが見られた。手前岸からも奥からも届かない場所でのライズ……。まだ釣り人はいないのに、賢いものである

3日目に釣った魚の胃内容物。ガガンボのアダルトがメインで、そのほかガガンボラーバ、同ピューパや、小型のカディスピューパ、ブユ、ユスリカ・ピューパなど

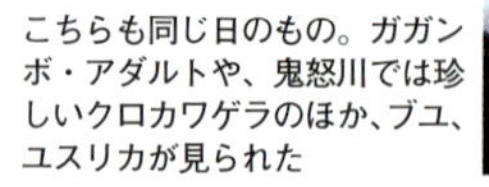

こちらも同じ日のもの。ガガンボ・アダルトや、鬼怒川では珍しいクロカワゲラのほか、ブユ、ユスリカが見られた

くないくらい、ユスリカやガガンボが流れ出していたので、あわててラインを通した。そしてやはりというべきか、フライを結び終えて流れを見渡した瞬間に、もうライズが始まった。よい釣りができる日は、このようなものである。

同行した冨田さんは、去年鬼怒川に数回通ったが1尾も釣れなかったそうである。この日は彼にとっての初釣りということで、なんとか釣ってほしいと思った。

僕は大ものねらいで右岸のバンクに張り付き、よさそうなライズだけに的を絞った。最初はユスリカパターンを結んだが、すぐにブシャッというガガンボらしいライズに変わったので、その後はガガンボパターンで通した。

一方、冨田さんには広角的にライズをねらえる左岸を釣ってもらうことにした。ガガンボのライズは、比較的ややこしい。流下の状態に個体差が大きく、ヤマメの捕食姿勢の嗜好もそれぞれ異なる。定位してライズを繰り返す個体のみが釣れる対象となる場合が多く、動きながらライ

これは僕が釣った27㎝ほどのヤマメ。スレンダーのようだが上から見ると太い

ズされると運に左右されることになる。

しかし大ものに限って、動き回りながらライズするケースが多いものだ。大きくなりたい個体ほど、たくさんのエサを捜して食べようとする。ただし、決まった形状のものだけを選ぶ傾向にあるようだ。そのため、本当に流下が増えないと定位してくれないのが普通である。

この日は1時間に1回ほどはまとまった流下になる感じで、同じ場所で2、3回続けてライズしてくれた。このタイミングがチャンスとなる。

最初に掛けたのは冨田さんで、25㎝ほどのきれいなメスヤマメだった。やはり、ガガンボが捕食内容の中心で、ほかにはカディスピューパ、ユスリカなど。ガガンボフライで反応してきたそうだ。無事に解禁を迎え、鬼怒川での初ヤマメに喜んでいた冨田さんの笑顔が印象的だった。

深入りの果てに……人生は後悔の連続

僕のほうは、動き回っていた3尾にねらいをつけたが、なかなか止まってくれず苦戦を強いられた。しばらくしてようやく、2回続けて同じ場所でライズした1尾をキャッチした。フライはガガンボのスペントパターン。27㎝ちょうどで少しスレンダーな魚体だったが、上から見ると幅があってこの川らしいヤマメだった。

さて、残りの2尾は大きそうだったが、これがさらに厄介な相手だった。動き回る範囲も半端ではない。上下が40mほど、レーンの幅は10mほどを動き回るし、移動のパターンも一貫性がまったくないのだ。同じライズのフォームと重量感によって、同一魚と判断できたが、なれない人は別のヤマメだと思ってしまうことも多いと思う。

鬼怒川で初ヤマメを釣った冨田さん。撮影に慣れないせいか表情はこわばっているが、心底うれしそうだった

対戦から3時間ほどした2時過ぎにチャンスは訪れた。自分の斜め上流7mほどの位置で、3回ライズを繰り返したのである。すかさずキャストして、フライがレーンに乗った瞬間、ブシュッと反応してきたのだ。結果は……すっぽ抜け。この日は僕の負けである。これを最後にライズの頻度が落ちてきたので、増水区間に移動することにした。

次のポイントに着いたら、すぐにライズを発見。やはり増水でもフラットでライズを繰り返していた。特別大きな魚は見当たらなかったが、腰まで立ち込んでライズをねらった。

どうも奥でライズしているのが気になり、胸近くまであるプールエンドを無理して渡って対岸からねらってみることにした。しかし立ち込んでもポイントまではかなり遠い。胸まで入って、小さな石の上に立ってねらう位置を確保……と思った瞬間、小石がころりと崩れドボン。いきなり全身ずぶ濡れになって戦意喪失して、4時近かったので早々に温泉に向かった。やはり無理は禁物だし、そこまでしてねらうようなサイズでもなかったのが、今回2つ目の後悔であった。

ホテルに帰って、ベストの中身を全部出し、インナーやダウン、フリースなどを干して反省会に向かった。前日の飲み過ぎもそうだが、人生も釣りも後悔の連続である。

もう数週間もすれば尺を超える魚体に

3月4日、午前中に釣った26.5cm。メスで体高は充分。糸鳴りするほどのファイトだった。来月には尺になっているだろう

4日、未明から降り続いていた雨があがったころに、ポイントに到着。今日はひとりで、前日にやらかしてしまった魚をねらいにいった。雨があがった直後ということもあり、8時半に着いた時にはすでに散発のライズが始まっていた。気温は7℃ほどで快適、状況はよさそうである。

今回は左岸から広範囲にねらえる位置に立ち、定位するライズを待った、まずは小さめの魚にスペントを投げてみたが、ギラリとUターン。昨日やりすぎたのか、スレてしまったようである。

解禁日のヤマメとのファイト。＃３ロッドをバットから曲げるような、元気な本流ヤマメだった

フライをガガンボピューパに変えて、次のライズをねらうと、あっさり食ってきた。26・5㎝のよいヤマメである。カメラを水没させてしまったので、携帯の写真なのがもったいないが、これもまた釣りである。

その後9時半くらいから、日が差し込んできたと同時に風が吹いてきた。それほど強くはならなかったが、散発ライズはさらに散発化して、ねらえる状況にはならなかった。それでも昨日のやつはボツボツあっちこっちでライズするのがくやしい。まあ、もう数週間もすれば尺を優に超した素晴らしい魚体になっていることだろう。そのころを見計らって、また対戦に訪れたいものである。

しかし、ヤマメは一期一会。ほとんどの場合、次回同じポイントを訪れても、影も形も見えなくなっているような気がする。しかし彼らには、できれば遠くない場所で、人知れずライズを繰り返していてほしい。

逃げない決断

4月上旬の九州遠征。川辺川本流を彷徨(さまよ)い、
オオマダラカゲロウに翻弄されながらも
連日ヤマメとの出会いを果たした一部始終。

尺には数ミリ足りなかったが、素晴らしい体型のオスだった。10日もすれば、尺に届くのではないだろうか。オオマダラスペントが、のどの奥までくわえ込まれた

川辺川本流を富田さんと釣り歩く

このところ恒例となっている、春の九州遠征。今年（2015）は4月の上旬に設定した。オオクマの終わりからのオオマダラまでの間で、シマトビ、ヒラタ類のハッチがねらいである。取材を1～3日に予定していたため、本格的な遊びでの釣りは4～7日のお昼頃までになる。

この次期の九州は気候が読みにくい。過去には雪に降られたこともあったので、多めのインナーとフリースを用意して向かった。ところが今回は、異常に暑かったのである。シャツ1枚で充分で、少し歩くと汗ばむ陽気、最高気温が27℃もあった日もあった。

取材最終日は一ッ瀬川で半日の賭けに出たのだが、サッパリ不発で終了。その日の午後から、遊びの本命である川辺川に向かった。

下流側の実績ポイントを数ヵ所たたき歩いたが、一度の反応も得られず4時半には宿に帰った。今年の川辺は魚影が少ないという前情報もあったが、やはりと思わせる反応のなさだった。

他の支流で大ものが釣れたという情報もあって、同行してくれた富田晃弘さんと、翌日からの予定を協議した。天気予報は雨。上流あるいは支流という選択が濃厚になるなか、五木村の川辺マスター・島巻弘充さんに相談してみることにした。

「いや～、群れは少ないですが、各所にヤマメはしっかりいますよ。本流をやらないなら九州まで来た意味ないでしょう。

下梶原川の合流の上流域。ダイナミックな大渓流の雰囲気だが、魚はなかなか水面に顔を出してくれない……

渋谷さんが本流から逃げたらダメですよ」

……グサリと釘を刺されてしまった。確かに同じ尺ヤマメでも、支流や上流の魚と本流のそれとは異なる。当初のねらいどおりに釣れた魚は、価値が違うものである。もちろん、はじめから支流や上流を釣る予定なら話は別なのだが。

遠征となると、やはり確実に魚が見られる場所を選択したくなる。しかし島巻さんの言葉で目が覚めた気がした。僕は川辺川の本流でヤマメをねらいに来たのである。可能な限り、すべての手段を駆使して本流で釣ってこそ、自分がここに遠征した意味がある。もちろんイブニングやモーニングをねらったり、フライを沈めたりしないスタイルはいつものとおりだ。

やったことのない区間で、どのようなポイントで重点的に時間をかけるのか。どのようなフライローテーションでねらうのか。放水口の上流に入るか、あるいは下流に行くのか……。さまざまなファクターから、その日その時の釣りを選択すれば、きっと魚は出てくれるはずだ。

同行する富田さんも釣りの腕前はエキスパートであるから、魚からのサインは確実に感じてくれるはずである。そのようなわけで、帰るギリギリまで川辺川本流から逃げないことを、3日の夜に決意した。半日ビッシリ叩いて、1回の反応もないのにこの決断をしたことは、釣り人としての意地でもあった。

富田さんが釣った29㎝。写真の左に見える、何もないような流れでライズしていた。たたき上がりの釣りでは、まずねらわないポイントだろう

オオマダラのハッチ考察

川辺川は「ど」のつくような立派な本流だが、渓流相の区間や大プールなど、さまざまな流れで成り立っている。プールの緩い流れでは、やはりライズがないと難しい。しかしブラインドの釣りでも、多少なりとも期待できる流れがあるのが、この川の特長といえる。

今回は時期的にはシマトビ、ヒラタかと思ったが、オオマダラが初日の午後に数匹見られた。気温が桁外れに高かったせいか、一気に虫の羽化が進んでしまったようである。

このオオマダラという虫は、意外に厄介。というのも、出る時間が読みにくく、また短いのである。出始めれば一気にスーパーハッチになり、30分ほどでピタッといなくなるようなイメージだ。その瞬間に大ものポイントにいることができれば、最高の場面に出くわせる。その一方

尺ヤマメが出た大プールの流れ込み。流心右の沈み石付近から出た。同じ大場所でも、このように少し浅いところから深くなるカケアガリが、ドライで魚が出やすいと感じる

で、長めに移動している最中にハッチが起きてしまうと、その日のチャンスを見ることもなく終了するのである。もちろん雨や低温などによっては、ダラダラと数時間ハッチすることもある。だが、そういったケースはまれだ。

ちなみにハッチし始めの時期は、15時過ぎくらいにスタートして、日を追うごとに時間が早くなっていくように感じている。水温の高い場所から始まり、低いところに位置を変えながら10日間ほど出る虫のようだ。スーパーハッチになるのは、11時前後からのハッチだった経験が多い。ただしそのイメージが、ポイント選択を誤らせる危険もはらんでいる。

フライは、ハッチのはじめはフローティングニンフが効果的。ダンが見え出したころには、やはりダンの羽化失敗パターンが抜群の効果を発揮する。なぜかこの川辺川ではオオマダラハッチでスズメバチパターン（ぼってりボディーのスペントウイング）が異様に効果的であることが、島巻さんにより実証されている。僕も使ってみて確信を得ている。

30分間ですべては報われる

さて、いよいよ4日間の釣りのスタートだ。下流の大場所を見て歩いたが、虫の気配は少なかった。シマトビがパラリパラリと出ている程度である。オオマダラに期待して、昼過ぎまで大プールに張り付いたが、見事に不発。後で分かったことだが、下流のオオマダラはすでに終わっていてモンカゲロウに移りつつある状況だった。

その後、下流をあきらめて中流部に移動。徹底的にたたき上がることにした。しかしやはりというべきか、まったく出ない。最高の瀬を3ヵ所、ていねいに探ったが、一度の反応も得られなかった。

というわけで、気持ちが折れそうになったころ。僕があきらめた大場所のすぐ上にあった小さなポイントで、富田さんが9寸級を出したのである。残念ながら、ネットイン直前でバラしてしまったが、ヤマメの存在を確認できたのは大きかった。あらためてポジティブな釣りを展開する気分をつくれた1尾だった。

この日はその後少し移動して、さらに大場所下流の瀬をビッシリたたいたが反応なし。ふたりで作戦会議をしたが、その大プールの頭から釣りを続けることにした。中間にゴルジュがあって川通しで進めないため、一度車まで戻って移動し

激しいローリングを物語るティペットの跡。フライへの出方はおとなしかったが強烈なファイトを見せ、慎重にやり取りせざるを得なかった

て下り直さないといけない。面倒くさい場所ではあるが、その下までの流れを全部やっていたので、この区間を飛ばすかどうかが、この日の釣りの分かれ目になるような気がしたのである。

プールの流れ込みに下りたのは16時。ここから3つのポイントが、今日探れるリミットだろう。ひたすらやってきた大場所からの反応はなかったが、この流れ込みだけは不思議に魅力的な雰囲気を醸し出していた。おそらく時間も関係したのだと思うが、光量や水量のぐあいが、抜群によく感じたのである。フライはパラシュートスピナー#11。流心の手前から、しらみ潰しに流していった。ねらいは沈み石がうっすら見える、本筋の右。右岸からのアプローチなので、ロングティペットでないと流せない。そのうえ距離も15mほどある。ヨレヨレの流れだったが、長いティペットが5mほどのドリフトを可能にしてくれた。

5投、6投……出ない。やはり今日はダメなのか？　あきらめが脳裏をよぎった。8、9投目だったろうか、水底からギンピカの太っ腹をひるがえしながら、その魚はフライをひったくった。たるませていたラインを張って合わせたが、微妙なラインテンションだ。1歩下がって、自分の身体よりもティップが後ろに返りそうになった瞬間に、ようやくフッキングしたことを感じた。会心の魚である。

ギリギリで尺に届くくらいだったが、今年初の尺ヤマメ。釣れるまでの厳しい状況を考えると、本当に苦労がむくわれたような1尾だった。その後の2ポイン

今期初の尺ヤマメ。本流らしい体型で、縦、横どちらも厚みがある。川辺川らしい黒点の大きなメスだった

トでも8～9寸を2尾追加し、束の間のパラダイスを味わうことができた。

胃の内容物をとってみても、水面を流れていたものは確認できなかった。おそらくは水面巡回のタイミング（ヤマメたちは水面にエサが流れてこないかと上ずる時間が、1日に数回あるように感じている）に当たったおかげだろう。何もない釣りから一転、最高の釣りを30分間体験することができた。

地元東北の本流でも、同じような経験を何回もしているのだが、同じポイントに時間帯を変えて入り直すのが効果的だということは確認している。ライズを期待できないドライフライのブラインドフィッシングでは、このようなことがいつか来ると信じていると、投げ続けることができるだろう。

尺ヤマメの胃内容物。水面上のものは、まったく入っていない。それでもドライで釣れたのは、何か流れてこないかと魚が期待して、上ずったタイミングだったからかもしれない

オオマダラカゲロウは、腹部がかなり黄色味をおびている。魚から見ると、ボディーはこのような色で、フライもそれを意識して巻くとよい。もう1つ重要なのは、ボディーとウイングの長さのバランス。＃9のオオマダラスペントは、フックにTMC212TRを使用

最初の尺ヤマメ。下流側は200mくらい続く大プールで、その流れ込みで釣った。規模の大きな流れでも、流れ込みの形状しだいでは、たたいてみても可能性がある

濁りを避けて上流へ移動したのが吉

そこから2日間は、オオマダラのハッチに翻弄（ほんろう）されながら（ハッチのピークは10時、9時と早まっていった）、連日ヤマメの顔を見ることができた。

富田さんは雨のなか、28、29㎝と素晴らしいヤマメを手にして満足そうだった。どちらも、普段は流さないようなポイントで出たのが象徴的だった。エサやルアーの釣り人から逃れて水面で捕食する個体は、それらのサオ抜けポイントに居着いていることが多いようだった。それを見逃さず、ていねいに流していく技術が必要になる。また、意外な単発ライズを発見できるのも釣りの腕だ。さすが富田さんと、あらためて感心させられた。

ひとりでばかり釣りしていると、何が合っていて、何が間違っているのかなど、答えが出にくいことが多い。ある程度釣りが上手い数人で釣りをすると、新しい発見があるものだ。また、自分の釣りを省みるよい機会となる。上手な人の釣りは、見ているだけでも心地よいもの。たまには誰かの釣りをじっくり見てみるのも、新しいモチベーションを生んでくれるかもしれない。

6日までは雨気味で気温は高く雨具が手放せなかったが、最終日に外に出てビックリ！　雨は上がっていたが、風が冷たい。温度計は14℃を示していたが、今までとの空気感の違いは異常に寒く感じた。あわてフリースを出して釣りの準備をしたが、何となく前日までの朝からのオオマダラの雰囲気は薄く、活性が下がったように感じられた。

ようやくチラホラとオオマダラが出てきたのは10時くらい。あっちで1匹、こっちで1匹という散漫なハッチである。当然ライズもないので、たたいてはみたが反応なし。11時くらいになると、ようやく少しまとまってハッチが始まった。小さいダムのバックウオーターで、ライズねらいで待っていた。しかし期待が高まってきたと同時に、水が濁ってきたのである。今まではなんとか逃れていた工事による濁りが、このタイミングで出てきてしまった。もうこのポイントは諦めざるを得ない。時間もわずかしか残っていないため、工事区間の上流に向かった。

しかし、これがまた幸運を運んできてくれた。予測どおり工事現場上流は澄んだ美しい流れで、オオマダラもチラホラ見られた。期待してポイントに下りて2投目、目の前6mほどのところに浮かべたオオマダラ・スペントフライに、ヌルッとドルフィンで三角頭が出てきたのである。強烈なローリングを繰り返したヤマメは、尺にわずかに足りない素晴らしいオスヤマメだった。

終わりよければすべてよし。最高の九州遠征、川辺川本流三昧となった。

その日の夜のこと。熊本での日中の温度は17℃ほどで寒く感じたが、秋田に帰ってまたまたビックリ。気温は1℃しかなかった……。まさに極寒。まだまだ東北の春は遠く感じた。

一瞬のチャンスをつかむ

ドラマは本流で起きる。初めての中国地方の
本流フィールドで遭遇したのは、
オオマダラのハッチと、尺アマゴの群れのライズだった。

同行した北村さん（右）。目の前で起きたライズを見事にものにした。キャッチしたのは33.5cmのアマゴ。これもオオマダラスペントを使った結果。そして僕もメモリアルな大アマゴを釣ることができた

ドリフトあってこそのフライ

長く釣りをしていると「あれは絶好の条件だったな……」という光景をよく思い出す。僕の場合、それは遠征時の思い出が多く、釣れなかった記憶のほうが鮮明に思い出される。

最も強烈だったのが、3月の鬼怒川に初めて遠征した時の記憶。10年近く前だが、ピーカンの午後にガガンボのスーパーハッチに遭遇してボコボコライズが始まったのだ。

3尾ほどの尺上を含めて十数尾が群れで2時間近くライズを繰り返したのだが、まったく釣れなかった。流れをきれいにドリフトさせていたと思うし、今振り返ってみると、合っていないのはフライだったと確信している。

初めてといえば、静岡の2河川のことも思い出される。喜久川英仁さんに初対面時に狩野川を案内されてライズポイントをやらせてもらったのだが、これもボコボコライズで釣ることができなかった。富士川の本流では、35㎝メインの群れが目の前で30尾以上もライズしていたこともある。フライを1回見切られ、取り替えている最中に土砂降りの雨が来て、1尾もいなくなってしまった。

そんなわけで大チャンスに遭遇したもかかわらず、初めての流れで惨敗したケースは多い。静岡のこの2河川にはその後数年通ったが、同じような群れに遭遇することはなかった。

これらすべての共通点は、ド本流のライズゲームだったということ。渓流域の釣りには自信があっただけにショックは大きく、本気で本流でのフライと戦略を見直すきっかけになった。

最近も、周りからはボコボコライズの話はよく聞こえてくる。そして面白いことに、そのほとんどが釣れていないのである。まるで釣れない状況で、魚たちは平気でライズを繰り返す。この現象はなぜ起こるのだろうか。当然ハッチの量もあるのだが、おそらくフライと本物の差が大きいため、彼らは安心して見分けて捕食を繰り返すのだと思う。あるいはドリフトが短すぎるため、魚の視線に入らないのかもしれない。僕が過去に体験したのもまさにそれで、釣り方やフライが合っていないハッチ時には、釣れない人の前でボコボコのライズが続くのである。

この経験こそが、フライフィッシャーをさらなるステップに持ち上げてくれるチャンスだと感じなければいけない。釣れなかった経験をどのように分析するかが、分かれ道となるのだ。さまざまな釣り場に対応できるようになるかどうかは、自分しだいである。

昔からいわれている「流し方8割、フライ2割」。その言葉に間違いはない。ただし同じ流し方であれば、当然フライの違いが大きく影響する。いずれにせよ流し方を最優先に考えないと、フライがどうのこうのという話には至らないかもしれない。

本流ではほとんどの場合、水面近くに魚が定位することは少ない。ある程度の水深から水面めがけてライズしてくるのが普通だ。水面近くに定位するのはスーパーハッチ（大量流下）の時などに限られる。プレゼンテーション位置やドリフトの長さが、水面のドライフライに魚が出るかどうかのキモになる。このことは、しっかりと考えるべきだろう。

システムの重要性

ドリフトの精度を上げるには、道具立てが重要になる。キャスト力やイマジネーションも大切だが、千変万化する本流の流れをロングドリフトするのはたやすいことではない。当然、それをコントロールする技術が必要だが、長いティペットシステムは本流でも威力を発揮してくれる。

簡単に解説しておくと、長いリーダーが複雑な流れを回避してくれるわけではない。長いティペットこそが、ロングドリフトに効果的なのである。リーダー＋ティペットが22フィートといっても、リーダーのバット部分が太く長ければ、流れの影響を受けにくいのはティペット部分のみになる。

僕が信頼しているティムコのLDLリーダーは、自分自身がデザインしていることもあり、ほぼ思いどおりにできあがった最高の道具だ。15フィートのうちの半分が、ティペットで成り立っている。さらにティペットを6～8フィート足すわけだから、ティペット部分が13～15フィートになる。そのためドラッグ回避能力は抜群に高くなる。

ただしドラッグ回避能力が高いティペット部は、キャストする際に力の伝達が難しい部分になる。コントロールするためには、張りのあるラインやそれ用のロッドも必要だ。そのためにLDLラインがあり、それ用のロッドも必要なのだ。

さらに、フライデザインも重要。ロングティペット・リーダーは、どのようなフライでも投げられるシステムではない。どこか一部でも破綻があると、成立しないことがある。しかしこのシステムが複雑な流れを回避し、ロングドリフトを実現し、結果的に深場の魚を水面まで引きずり出してくれるのである。

本流のライズ対策フライ

本流でのライズは、そうとうな数の虫が流下しないと成立しないのが普通だ。ただし、魚の数がかなり多い場合は、多少の流下物でもライズするように感じる。ほとんどの場合が大量流下（ハッチやフォール）時にライズが起こるので、魚たちは水面にまで顔を出して食べるリスクを減らすため、絶対に逃げない虫の姿勢を気にして偏食することになる。それが、帆を立てたように流れるダンが食われにくい最大の理由だと思う。

飛び立つ可能性のある（捕食を失敗しやすい）ダンを無理して食べなくても、羽化失敗個体を食べていたほうが、労力が半減するのだろう。おそらく幼魚のころからの繰り返しで学習するのだと思うが、見事にそろって羽化失敗個体をねら

オオマダラカゲロウのハッチが、今回最大のチャンスを生んでくれた。一瞬で終わることが多いが、この日は終日、数回に分けてハッチしたためチャンスが広がった

本流でもやはり、藤の花が咲くころがいい

初めて訪れる島根の本流。ここではオオマダラはすでに終わっていたが、1日で6、7尾のヤマメが手にできた。フライはテレストリアル・オンリー

っているように思える。

このことに気づいてフライを巻き始めてから、ボコボコライズが目の前で起きなくなった。ライズが始まって射程距離であれば数投で失敗するか、釣れるか、ライズが止まるか、ということが8割ほどになったのだ。

ほかに、微妙にライズレーンに入らなかったり、ライズ自体が移動していたりということもあり、もちろん10割釣れるようになることはこの先もないだろう。しかし、魚とまともに対戦できるように進歩してきたと、自分自身では感じている。肝心なのは羽化失敗個体を各種、長いティペットで流せる形に作れることだと思う。

初の中国地方遠征

今回、高知の仁淀川スクールの前に初めて中国地方の本流を回ってみた。伊丹空港から島根まで4日で回ったのだが、1つの河川で最高のチャンスに当たった。

島根の本流でのワンシーン。前日の夜に落ちたモンカゲ。この日の日中はダンからスピナーへの脱皮はほとんど見られず、水生昆虫の時期の終わりを思わせた

地元の方々の情報もあり、オオマダラのハッチと尺アマゴの群れのライズに遭遇したのである。

初日は午後3時くらいだっただろうか。「ライズがありました」という情報があり、ポイントに着いてすぐに、はるか遠方にバシャンとデカそうなライズが一発。すぐに用意して走るようにそこに向かったが、距離が遠すぎて明確に位置が分からない。予測したポイントへじわじわ下流側からのロングドリフトを試みた。

4、5投目だっただろうか。思った場所より5ｍほど上流からドバンとフライを追い食いしてきてしまった。当然のごとく、ロッドは空を切った。デカかった、35㎝は超えていたように思う。

遠くから見えるライズは位置があいまいでこのようになりやすいのは分かっていたのだが、連続ライズではないので投げない選択肢はなかった。しかし、オオマダラのフライがこの川でも通用することを確認できたのは収穫だった。

翌日、朝のうちに下流で単発ライズを見つけたが、散発、ムービングライズで勝負にならない。10時過ぎに昨日のポイントに移動して、そこでちょうど数回のライズを発見できた。その前から同じ場所を見ていた北村さんが、それまで何もなかったというのでラッキーだった。

数投でキャッチできたのは、ちょうど尺。朱点の見えない素晴らしいアマゴだった。その後、北村さんの前でもライズが始まり、見事釣りあげた魚体はよく太った33・5㎝。オオマダラの誘惑はさすがである。

37㎝の大アマゴ

昼過ぎに対岸40ｍほどの地点で、見るからに大型のライズが頻繁に起きるようになった。どう投げても届くわけがないし、50ｍ以上もある対岸に行くこともできない。しかし、僕にとっては数少ないチャンス。なんとかして対岸に立ちたいと思い、２００ｍほど下ったヒラキの徒渉に挑んだ。川幅はそこで１００ｍほどあり、浅そうには見えるがスリットもあって油断できない。地元のフライフィッシャーは「無理かも」と言っていたが、じりじり行くうちになんとか徒渉に成功した。

そこから１５０ｍほど上流に戻り、ポイントの真横近くに行ったが、その場所ではバックが取れない。そのうえ、意外に距離がある。対岸から見ると、向こうからなら目の前のように見えたが、12〜13ｍ離れていた。足もとでは大量のオオ

遠征２日目に釣った、珍しく朱点がほぼ見えない尺アマゴ。オオマダラカゲロウのスペントをくわえた

３日目、川に着いてすぐに出た32.5cmのアマゴ。モンカゲロウのハッチに交じってオオマダラカゲロウがちらほら見えたので、オオマダラスペントに替えたとたん一発で食ってきた

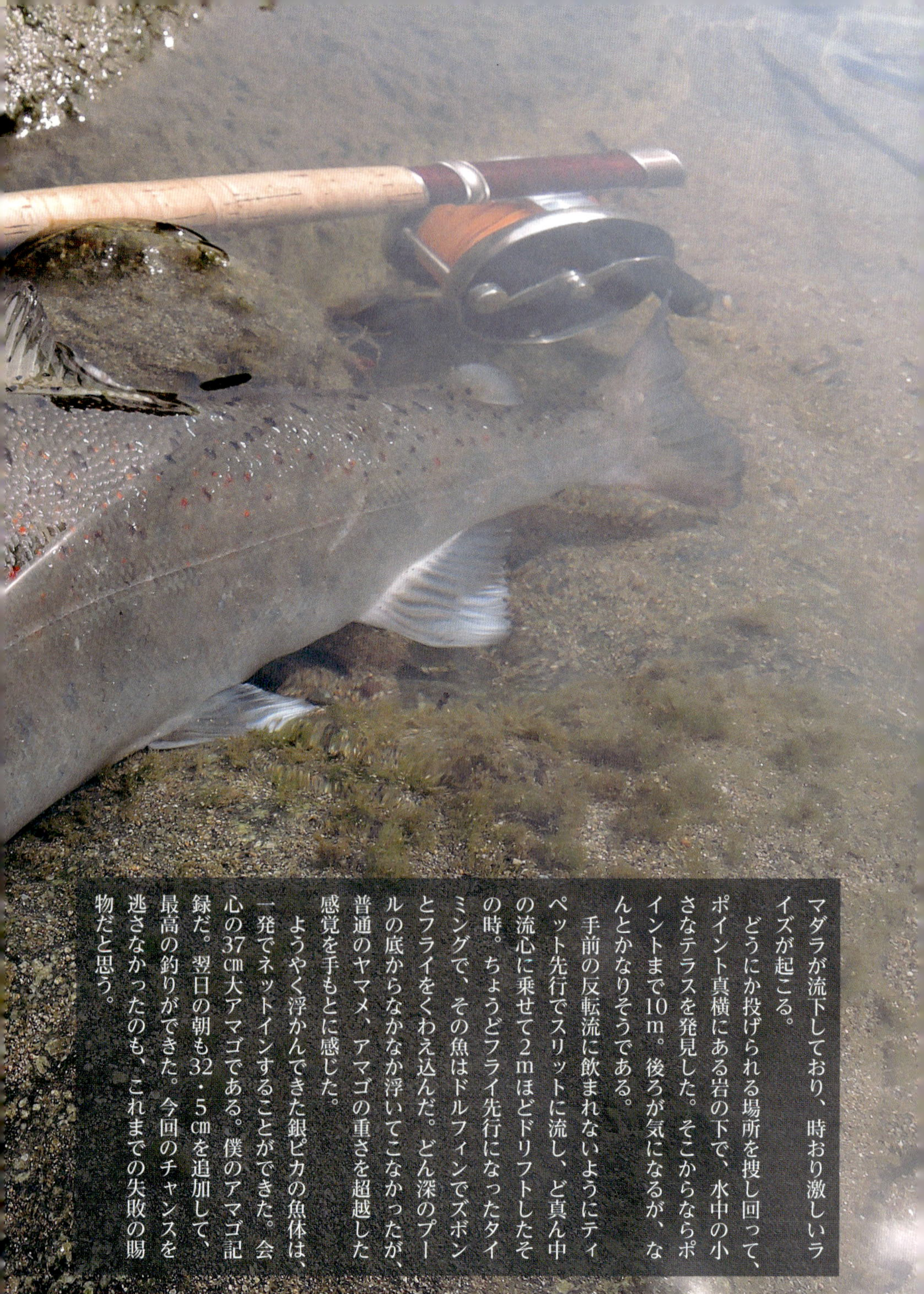

マダラが流下しており、時おり激しいライズが起こる。

どうにか投げられる場所を捜し回って、ポイント真横にある岩の下で、水中の小さなテラスを発見した。そこからならポイントまで10m。後ろが気になるが、なんとかなりそうである。

手前の反転流に飲まれないようにティペット先行でスリットに流し、ど真ん中の流心に乗せて2mほどドリフトしたその時。ちょうどフライ先行になったタイミングで、その魚はドルフィンでズボンとフライをくわえ込んだ。どん深のプールの底からなかなか浮いてこなかったが、普通のヤマメ、アマゴの重さを超越した感覚を手もとに感じた。

ようやく浮かんできた銀ピカの魚体は、一発でネットインすることができた。会心の37㎝大アマゴである。僕のアマゴ記録だ。翌日の朝も32・5㎝を追加して、最高の釣りができた。今回のチャンスを逃さなかったのも、これまでの失敗の賜物だと思う。

37cm の大アマゴ。ボディーは高さだけでなく幅もあってラグビーボールのようだった。小さな顔に大きな体で、雌雄の判別もしにくい

イワナ解禁日

雪代明けの東北の楽しみは、僕の場合は
イワナから始まる。ヤマメとは異なる
あの独特の感覚を味わいたくて、むずむずしてくるのだ。

尺を優に超えるオスイワナ。
これがさらに年を重ねると鼻
先が割れたようになって、い
かつさを増す

旬を釣りたい

近年、解禁日から関東以南を釣り歩くことが多くなった。そのため雪のなかで、ユスリカやクロカワゲラのヤマメライズの釣りはやらなくなってしまった。そのうえ昨年（２０１４）から山形の解禁日は、４月に変更になった。地元の反応を見ていると、解禁日に釣行しようというモチベーションは下がったようだ。

しかし、個人的には東北の解禁は5月からでよいと思う。禁漁も9月10日くらいが妥当ではなかろうかと感じている。というのも、雪代時のエサの流下は、魚体の回復と成長を促す。また秋は禁漁の20日前くらいから産卵行動を見る機会がある。つまりそのころは、魚を守るうえでも大切な期間だと思うのだ。

とはいえ、釣り人の性として結局禁漁ギリギリまで釣りに行ってしまうもの。僕自身もそうなので、大きな声ではいいにくい。ルールで決められないと、魚を大事に思う気持ちとは裏腹に、釣りに出かけてしまう自分も少し情けない。

5月に入り晴れの日が続いてくると、無性にイワナを釣りたくなってくる。それまでヤマメを追い続けているのだが、春の新緑が東北の山々を駆け上がりだすとイワナが恋しくなってくるのである。巻き返しや緩い流れ出し、おおよそ考えられない浅いポイントから走られまくるあの感覚を味わいたくて、心がうずいてしまうのだ。

雪代明けの東北の楽しみは、僕の場合はイワナから始まるといってよい。時折、大型のヤマメが浮いていて釣れることもあるが、春のヤマメのコンディションはよくない場合が多く、高年齢魚がほとんどである。

それはそれで釣れれば当然うれしいのだが、イワナのコンディション回復のほうが早く、活性も早く上がる。要は旬がイワナのほうが早いのである。日本人は旬のものを大事にする遺伝子があると思っているが、東北の開幕は旬のイワナで迎えたいと思っている今日このごろである。

山頂が緑に染まったら

今年２０１５年、東北の状況は、例年より10日以上早めに雪代が治まってしまった。これは雪が少なかったせいもあったのだが、４月の温度がかなり高かったことが影響しているように思えた。

僕の感覚では、４月の天候しだいで雪の量とは関係なくシーズンインの時期が決まってくると思っている。４月に雨が大量に降るか、気温が高い日が続くか、それが重なるかであれば確実に新緑の芽吹きが早くなる。新緑の芽吹きが山頂に達しようかというころには、不思議と川の濁りは終息して、ドライでの釣りが可能になってくるのだ。

想像の範囲ではあるのだが、新緑が山を覆うということは、森自体が一気に水を吸い上げ始めるサインとなるのではないか。そのため雪解け水が川に流入する

雪代明けで新緑に染まった東北の渓。まだ水量もあって白泡が多いような状況では、巻き返しが主なポイントになる

量を、半減させてくれていると感じている。僕の家から見える900m級の山の山頂がいつもの観測点で、その雪が8割方なくなって若草色に染まれば、シーズンインが早めの川（源頭が1000m以下程度）からイワナたちのドライフライ爆釣が始まる。この指標が外れることはほとんどなく、確実によいタイミングを伝えてくれるのがありがたい。

こういった判断材料をもとに、早めにスタートする川へと向かうのだが、問題

べんじょ☆アブフライ。サイズは9～17番を使用。ベンジョアブ自体は、アメリカミズアブの通称らしい。それに限らず、フライングアントやハエなどの類を模している。熊本の富田晃弘さんのフライを見てアレンジした

この時期のストマックの例。内容はカディス、フライングアントの大と中、ビートル、オオクマのスピナーなど。これらすべてが1つずつ入っているのは珍しい

オオクマ・スピナーの偏食の例。このようになってくると、やはり専用のフライが必要になる

コカゲロウと小さなカワゲラ類が多い。偏食しているようだが、大きめのフライングアントが1匹入っているところに注目したい

もある。川の状態ができあがっていても、林道は別問題なのだ。車が通れるように整備するには、かなりの労力や工具を要するのである。

僕もシーズン最初に行く時は、ノコギリやナタを用意して、まずは1人あるいは数人でようすをうかがいにいく。直径30cm以上の木を切るのは容易ではなく、数本切っただけでヘトヘトになってしまう。落石の数も半端ではないので、たいがいは適当なところであきらめることになる。

ところが今年は、山菜採りたちも黙っていなかった。僕らよりはるかに重装備で、チェーンソーやワイヤーロープなどを駆使して、2日間で車止までの軽トラ幅分を整備していた。そこに僕も車で突っ込んでみたのだが、案の定というべきかパンクしてしまった。最近の車はスペアタイヤがなく修理キットのみなので、不安に思ってスペアタイヤを積んでいったのは正解だった。

ちなみに林道などでパンクする場合、

サイドが裂けるバーストになるケースがほとんどで、修理は不可能になることは覚えておいてほしい。本当は予備タイヤ2本くらい積んでおいたほうが無難かもしれない（嶋崎了さんの車で、2本のタイヤパンクを経験済み）。

僕の場合は結局、全タイヤを剛性を上げたパンクしにくいものに交換。出費がかさんでしまった。燃費もリッターで3kmほどダウン。まさに踏んだり蹴ったりだった。しかしそのくらいのことは、安全には代えられない。それ以降も、危険箇所へ行く際にはスペアタイヤを確実に積んでいる。

最近は車の入れない山道も、年々荒れているようだ。僕もナタでヤブを払ってはいるが、山菜採りが高齢化して奥に入らなくなってからは荒廃が進む一方である。しかしこれは、魚たちにとってはよい環境なのかもしれない。

高知から個人スクールで来ていただいた黒岩さん。イワナのシーズンだったがヤマメのライズに遭遇し、17番のフライングアントで見事に釣った。31.5cmの尺ヤマメである。この時期の尺ヤマメは完全に浮いてライズしている個体だけが釣れるケースがほとんど。瀬の流心から出ることはまずない

だらだら釣れ続ける2015シーズン

少し話がそれたが、今年の状況としては、釣れ始めは早かったが爆発は小さい感じである。それでも尺絡みのイワナは連日数尾は出て、数もそこそこ釣れている。原稿を書いている6月10日現在も同じような感じで釣れていて、大外れも大当たりもないシーズンインとなった。渇水になるのが早かったため、魚たちはエサ釣りで釣られる期間が短かく、数は多く残っているのではないだろうか。

今後は雨の増水後に毎回、爆発の期待が持てると思う。ここ数年間、シーズンインが遅かったせいで、1年で成虫になる虫の生育が遅れているようだ。そのためスーパーハッチも少なくなり、ハッチが分散型になってしまった。これもダラダラ釣れ続ける要因かもしれない。

そう、数年ほど春が早いと、その後のハッチ時期に影響するように感じる。単

尺上のオスイワナは、鼻先が割れて迫力たっぷり。フライを口の奥までくわえ込んでいた。出たポイントは水深20㎝ほどで、およそ大ものが出そうだとは思えない場所だった。あらためてイワナの意外性を感じさせられた

純な積算温度では説明できないだろうが、数年単位で変動があるのではないだろうか。十数年前は、僕が指標としている川のオオクマスーパーハッチが5月10日前後と決まっていた。だが、その後春の訪れがずっと遅くなっていて、それに伴い徐々に20日くらいまで遅れていった。

その変化の過程を振り返ってみると、ハッチが遅くなった最初の数年は、雪代ガンガンのなかでも10日前後にハッチしていたものである。それがいったん20日前後で定着してしまうと、春が早かった今年も、やはり20日くらいがピークだった。来年の春は早いのか？　遅いのか？　それに伴ってオオクマはどのタイミングで出るのか？　興味は尽きない。

まあ、虫そのものに対する興味はそれほど強くないのだが、釣りに大きく影響してくるため気にせざるをえないのだ。

巻き返しの釣り

自分自身の釣り（スクールなど含め）

はというと、今年も尺イワナは例年並みに釣れた。初期は巻き返しから釣りが始まる。雪代が残った多めの水量の巻き返しの釣りは、関東以南ではまったくしなかったので、とても新鮮で楽しい。

流心に飲まれる寸前に黒い大きな影がブワッと浮いて、フライを押さえ込むのはたまらない。そこがダメなら対岸のギリギリの巻きの中間部である。ここは比較的見えていることが多く、サイトフィッシングで楽しむことができる。巻き返しのスタートが岩へのブッツケの場合は、ブッツケからの流れが曲がって巻き返してすぐの場所がポイントとなる。

このように巻き返しだけ釣っていても、かなりのバラエティーがあり時間をかけて楽しめるものだ。さらには巻き返しの中心に近い泡の下には年越しの大ヤマメがいることもある。いきなりフライを投じることなく、見える魚の位置やサイズ、自分の立ち位置などしっかり組み立てることで、良型を効率よく手にできる。

水位が平水まで下がるころには、巻き返しの釣りは一段落となる。緩めの瀬やプールの流心脇がメインのポイントになっていく。その後にチャラ瀬にも魚が入るようになり、あらゆる場所にフライを浮かべる楽しみが出てくる。

どうしてもヤマメ専門に本流をねらっていると、線の釣りになりがちだ。ピンポイントを釣る精度が落ちてくるが、このイワナの時期こそキャスティング精度の見直しになる。障害物もイワナ釣り場には多いし、そのなかでも長いティペットを使いこなさないと流せない流れがある。そんな難しい状況を克服する練習にもピッタリである。

そして渓流域は、環境が素晴らしく気持ちよいもの。それが一番感じられるのも、これからの時期だと思う。

さて、これからが東北の最盛期。高い山々からの本流筋もよくなってきているし、ヤマメの成長は急激に早まる。イワナのいる源流域も入れるようになり、さらなる大イワナとの出会いも期待できる最高のシーズンが幕を開ける。しかし、どうも今年はさっぱりまとまった雨が降らず、渇水状態に入ろうとしている。ここからどれくらいの平均水位を保てるのかが、本流で大ヤマメが育つかどうかの分かれ目だろう。運を天に任すよりないのは、自然のことなのでしかたない。いつぞやのゴールデンイヤーになるかどうかは、雨しだいだ。

長期予報では、東北は6～7月の雨が多いとのことで、そのとおりになることを願うばかりだ。しかし、天気予報は確実ではない。これだけ技術が発展しているのに、翌日の天気もたまに外れるというのも、少し不思議に思えるのだが……。僕らのように山に入るものとしては、せめて数日くらいの天気予報はほぼ外れないくらいになってほしいものである。

ややもすると雪代がどっと出たりするのも、これからの6月中旬の特徴。高気温と局地的な大雨は、特に高い山から流入している川を釣る時の要注意事項でもある。釣りはくれぐれも安全第一で楽しみたいものである。

34cmのイワナ。シーズン初期の魚にしては丸々と太っていて、コンディションは抜群だった。このようなイワナと出会えると、本格的なシーズンに入ったと感じる

緩い反転流でライズを繰り返すヤマメ。このような場合はいきなりポイントに投げるのではなく、横に回り込んでポイント全体でくまなく魚を捜してみること

スクールの効能

かつては自分も参加したことがあるスクール。
教える立場になった今も、
その効果は抜群と感じている。百聞は一見にしかずだ。

北海道で、62cmのニジマスとファイトをする曽根さん。走られると抑えようもないほど、バットから曲げられる強烈なパワーだった

スクールに参加していただいたみなさん。イワナはすべて尺上。ヤマメは尺には届かないものの、9寸超の良型。楽しそうな笑顔が印象に残っている

他人の釣りを見て学ぶこと

ここ10年ほど、僕はガイドやスクール、ツアーなどをこなしてきた。その経験から、やはりそういったものに参加するのが、上達への近道ではないかと感じている。渓流域の釣りは大人数で楽しむのが難しく、単独、もしくは親しい友人と同行するくらいだ。それだけでは、釣り人同士の交流はあまり広がらない。そしてある程度魚の顔が見られるようになると、あとは運任せ、あるいは大ものねらいの自己流に陥りやすく、ひとりの釣行に徹する人も少なくない。

もちろん、それで楽しければ問題ない。しかし、この釣りは上達すればするほど、また違った面白さが見えてくる。1つのレベルで停滞していては、もったいないのである。他の釣り人のやり方や、地域による違い、考え方の多様性を共有することにより、自分のレベルや足りない部分ははっきりと実感できるはずだ。それ

北村さんが 19 番のフライングアントで釣った 32.5cm

広島の山田さんが釣った、尺を優に超えるイワナ。こういう魚と対戦できる機会を多く作るには、川の選定が最も重要

によって、もっと上手になりたいという意欲が再燃するきっかけにもなるように感じている。

スクールなどに参加すると、写真や動画だけでは分かりにくいことでも、たちどころに理解できる。魚との距離感、ラインスピード、力の加減、実物のフライ、アプローチや所作……などなどを、すぐに見ることが可能だ。多くのエキスパートがそのようなイベントを開催しているのだから、行かない手はないと思う。どんな釣りのスタイルであれ、その筋のエキスパートは、明らかに一般の釣り人とは違う技術や戦術を持っているものだ。

注意してほしいのは、スクールを開催する人によって、それぞれ異なる嗜好やスタイルがあるということ。ヤブ沢のショートレンジの釣りが好きなエキスパートもいれば、広い川でのロングキャストを得意とする方もいる。ダブルハンドなどのシンキングシステム、あるいは止水の引っ張りの釣りまで、フライフィッシングのスタイルは多岐にわたるのだ。

僕の場合はライトタックルで、流れの中でのドライフライ・フィッシングを専門にやっている。フィールドは小渓流から本流。対象魚はヤマメ、アマゴが好きだが、他のマス類でもドライに出るならイワナ、ニジマス、ブラウンもねらう。

そういう対象魚をライトタックルのドライフライで釣るために、日本のフライフィッシングは独自の進化を遂げた。結果的に、世界にも誇れる長いティペットを使用する釣り方が生まれたのだと思う。曲がりやすくトルクのあるロッドで長いティペットとフライの置き場所をコントロールする釣りは、日本の渓流のみならずドライフライ・フィッシングの最終進化系ではないかとさえ思っている。

僕は数回しか経験はないが、海外でもよく釣れたし、日本全国どのフィールドでも通用する。不利だと思うのは強風時や、長い距離を投げる必要がある時くらい。ドライフライを使ううえでは、ほとんどの場合有利である。ただこれを思いどおりに操れるようになるには、そうとうな熱意と場数が必要だ。ひとりで上達を目指すのは、容易ではない。

僕は中学生の時に、小野訓さんのキャスティングスクールに参加した。その経験は、その後の釣りの広がりに大きく影響したと思う。ロングティペットでの釣りにも、そのキャスティング理論は大きく貢献し、今の回転系のキャストの根源になっている。途中で硬いロッドのアメリカンスタイルのキャストを経験したが、それでは僕の場合、不具合があった。また、ほかの技術を試したことで、飛ばすだけでは釣れないことも理解できた。

僕がフライを始めたころは、本などで手探りした部分が多かった。しかし「百聞は一見にしかず」である。スクールに参加すれば一目瞭然、自分の欠点も指摘されてすぐ理解できたし、よいループの軌道は目に焼きついた。ループの質量が違うというか、加速感があるというか、あるいはトルク感なのか……。そう、結局言葉では説明しにくい部分が実際に見られることは、重要だったのである。

スクールから帰ったら「考える」こと

今年は4月のティムコうらたんざわ渓流釣場スクールにはじまり、高知の仁淀川スクール、荒雄のペンションオンザロックスクール、ティムコ東北ツアー、北海道ツアーなどを7月まで続けてきた。さらに個別のスクールガイドなどは、毎週のように行なっている。

もちろん、この釣りではキャスティングが最重要なことに変わりはない。だが川で実際に釣りをすることで、何が必要なのかが明確に見える気がする。魚を手にできるし、場合によっては尺ヤマメ、尺イワナとの対戦も実現できる。だから僕は、「釣れる釣り」を実感してもらえる機会を作りたいと、常々考えている。

スクールの参加者が抱えている問題は、実にさまざまだ。所作の不具合、タックルバランス、立ち位置のあいまいさ……。どのように落としたいかのイメージがで

キタキツネ。人にエサを与えられていたのか、車の近くまで寄ってきた。餌付けはせず、野生のままで生きてほしいものだ

北海道の大渓流。連日の小雨のせいか20cmほど増水している。この流れが幸運をもたらした

大型のアブ類？　こんなのが北海道ではポツポツ流下していた。6番くらいの、べんじょ☆アブフライも巻いておかないと……

6月10日ごろの東北にて。オオマダラの最盛期である。全国を回っていると、2ヵ月以上もこの虫を見ることになる。ドライフライ・フィッシングの盛期を象徴する虫だ

きていなかったり、アプローチが雑だったり、トラブルの元になる癖があったり……。それらひとつひとつの問題に講師がアドバイスをして、解決を目指すわけである。しかし1日ですべて理解できるような人は、今まで見たことがない。スクールで経験した後、帰宅してからその経験を反芻して、また釣りに行くことを繰り返す必要がある。釣れた結果だけを見ずに、どのようにしたから釣れたのか、どのようにしたから釣れなかったのかを「考える」ことが重要だと思う。

　これが仕事なら、生きていくためには嫌でもやらなくてはいけない。一方、釣りは遊びなのだから、生活には支障をきたさない。単に好きでやっていることである。嫌なことは夢中になれないが、好きなことなら真剣に取り組めるはずだ。心底楽しいと思っている釣りくらい、真剣に、くそまじめにやりたいものだ。

北海道らしい、緩やかな流れ。巨大なニジマスがどこかに潜む

説明しにくい「運」について一言

僕の場合スクールでは、できるだけ大ものが釣れる場所を案内する。だが実際に尺上が釣れるかどうかは、運によるところが大きい。この「運」というのが面白いもので、ある程度は操作できるような気がしてならない。自分で操作できるなら楽だが、もちろんそう簡単ではない。偶発的な要素の組み合わせにより、釣運を引き寄せる「流れ」が形成されるように感じる。

ガイドをする側は、その人の釣りを客観的に見ることができる。そのため本人よりも、この「流れ」をコントロールしやすいのではないかと思う。釣り場の状況、魚の活性、釣り人の技術などはもちろん、本人の心理状態まで含めて、流れはできていく。もちろん言葉では説明しにくいことなのだが……。そのような部分も気にしながら、スクールに参加してみるのも面白いかもしれない。

尺を超える渓魚とは、そう何度も対戦できるわけではない。ガイドをする側は、せっかく参加していただいたのだから、できるだけ素晴らしい体験をしてもらえるように努力しているものだ。そして参加された方が「いつもの自分の釣り場でも、大ものが釣れるようになった」などと話してくれると、本当によかったと感じるものなのだ。

北海道での幸運とオデコ

最後に、この原稿を書いている寸前までいた北海道の話をしたい。道東は比較的天候も安定していたようだが、今回はツアーの予定もあって、ほぼ道北に滞在していた。

7月にしては珍しいくらい寒気が残り、ぐずついた天気が続いた。9日間滞在して、太陽を見たのは3日くらい。しかも一瞬である。気温は最高で14～20℃の日

運をものにすることができた曽根さん。この魚を釣りあげるために、流れができていたような北海道ツアーだった

ばかりで、虫は少なく条件はよくなかった。

だがツアーに参加してくれた曽根さんは、運を持っていた。参加予定者は2名だったのだが、1名が前日にキャンセルになり、曽根さんだけを案内することになった。マンツーマンでのツアーは、ほぼ東北での個人スクールガイドのような感じである。

曽根さんは大きなフライのキャストに四苦八苦していたが、ワイルドなニジマスとの対戦は何度も実現した。そして最後には、62㎝の見事なオスを釣りあげたのである。4日間の濃密な釣り旅は、きっと一生の思い出に残ると思う。

僕も案内する以上、自分がもし行くのなら……と考えて行動している。読みが当たったことで、自分が釣った以上にうれしかった。

ツアーが終わった後、僕には2日間の自由時間があった。新規の釣り場開拓や、去年結果が出なかった場所への再調査など、ギャンブル的な釣りをした。結論としては、身もふたもないが、結局いない場所にはいなかった。

それでも意外な瀬肩から、52㎝のエゾイワナ（アメマス）が出たのは驚いた。ドライで釣れたイワナの自己最大魚である。大ものだけねらい、大場所ばかり探っていては、絶対に投げないようなポイントで出たのが面白かった。やっぱり川にフライを浮かべていれば、何か出てくれるのが北海道の懐の深さでもある。

たとえば、○○川はこんな特徴があるなど、全体の情報にとらわれすぎてはい

ついにランディングに成功した62cmのオス。体高も容姿も素晴らしいの一言

けない。なにしろ川は長いのである。いろいろな区間に入ってみたり、ねらうポイントのパターンを増やしてみたりすると、意外な一面が見られるのである。

ただ今回、北海道で初めてオデコを経験してしまった。日曜日に曽根さんを紋別空港に送ってから、川へ向かった。大ものポイントを選んでラン&ガンして、ただの1回もフライに出なかったのである。魚影の多い川なので、当然小ものもたくさんいるはずなのだが、夕方6時まで粘っても水面はパシャリともしなかった……。

もちろん、自分の腕の足りなさもあるだろう。だが大増水も超渇水でもないのに、このようなことも起こるものだと、あらためて感じさせられた半日だった。

真夏の状況認識とフライ選択

高水温＋渇水。見た目に最悪の状況でも、
川に立てば、そこでは何かが起こっている。
僕たちは、魚の目線で考えることが必要だ。

普段は渡るのが困難な瀬だが、
この夏はひざ下くらいの流れに
変貌していた。このような流れ
でヤマメと対峙するのは難しい

止水のようなプールのライズ

今年の（2015）7月は長期予報が完全に外れて、猛暑+渇水の日々が続いた。東北全体としてはそのような状態だが、北東北では梅雨の最後に大雨が部分的に降った。これが恵みの雨になればよかったのだが、1日に250㎜ほどの雨が一気に降ったため、各所で林道などが崩壊してしまった。一気に復旧することもできないので、今後の状況を把握するために情報を集め、足を運んで確認しているところだ。

この水も8月に入るとすっかり引いて、渇水に突入した。梅雨明けからは1滴の雨も降らない日々が、原稿を書いている8月8日現在まで続いている。しかも連日30℃超えで、最高気温が35℃前後の日も珍しくない。かなり山奥に行っても暑いし、水温は上がりまくっている。

僕の感覚では、ヤマメもイワナも水温が22℃を超えると急に活性が鈍り、釣りにくくなる。ポイントの形状や、個体差もあるので絶対ではないが、23℃台が渓流魚がエサを摂る限界だと感じている。

このような状態が7月からほぼずっと続いているためか、川で見かける釣り人は少ない。チャラチャラの水が、ますます釣欲を減退させる。個人的な釣りなら、行かないという選択をするかもしれないのだが、それでも川に行かなければならないこともある。個人スクールやイベントなどの予定があれば、いくら過酷な状況でも可能性を探らなければならない。毎年のことで苦労もするが、逆に新しい発見を与えられる機会にもなっている。

今年の7月中旬、北東北の本流巡りをした時のこと。午前10時半で気温は35℃近くまで上がっていて、水温を計ったらすでに19℃を上回っていた。少しはチャンスがあるだろうと思ったが、川は流れを失ったような感じで、本当に釣れるのだろうかと疑問を抱くほどだった。

しかし入渓してすぐ、それほど大きくもないプールで、あっちこっちでポチョンポチョンとライズしていたのである。当然ウグイも生息しているので、本命ではないのではと疑いつつ近づき、観察してみることにした。

止水のような川岸ギリギリでもライズしていたので、いかにもウグイっぽい。定位している感じもない。やはり本命ではないか……と思った瞬間、目の前3mほどまでス～ッと流心側から追うように浮上してライズしたのは、まぎれもなくヤマメだった。流れが少ないうえ透明度もあったので、パーマークまではっきり確認できた。

ライズの数を見ると、7、8尾が繰り返しやっているように思えた。大きいものは、よく見ると尺を超えている感じだ。小さいものでも25㎝級だろうか。まずは1尾釣ってみるべく、流心の真ん中に最近のマイブームでもある『べんじょ☆アブ』フライ#11を投じてみた。1尾は見切ったが、次のヤマメはパックリ食ってきた。楽に9寸超えの、コロコロの本流ヤマメである。気になっていたスト

種類は分からないが、ストマックからアブ・ハエ類が大量に出てきた。サイズは #15 ほど

ストマックを取っている間に、足もとに同種のものが流下してきた。種名が分からなくても、シルエットやボリュームは参考になる。羽アリにも共通する部分がある

マックをすぐに確認すると、なんとアブ類（ハエかも？）の#15サイズがビッシリ入っていた。

よく見ると、岸沿いでそのアブが流下しているのが分かった。そのうえ数もそうとう多い感じだった。このフライの#15は持ち合わせていなかったので、そのまま#11で通したが、それでもかなり釣ることができた。短時間だったが、サイズは25～29㎝で、15尾ほどの好釣果だった。翌日も同じアブの流下は止まらず、似たようなサイズがよく釣れた。

翌週は#15の『べんじょ☆アブ』を数本巻いて同じ川へ行ってみたのだが、そのアブ類は完全に姿を消していてライズもなかった。気温や水量は前回とほぼ同じで、猛暑に近い日だった。不思議な単一種の大量流下であったが、せっかく巻いてきたので試しにそれで通して釣ってみることにした。すると、これがよく釣れたのである。魚の記憶の片隅に、まだしっかりとあのシルエットが残っていたに違いないと思うくらい、ライズもない

定番のブラックアント・パラシュート。黒のみを際立たせることで、アリとしての存在感を出すようにしている

CDCフライングアント。ウイングになるCDCは、魚から見える部分は濃い色で、自分が見る部分は白っぽくしている

マークⅡ。V字スペントと、ぽってりしたボディーが､アブやハエ、羽アリの仲間のシルエットに近いと思う。パラシュートになっているので姿勢は崩れにくく、浮いても半沈みでも同じ姿勢をキープする。CDCのポストは巻きにくいが耐久性はある

渇水の本流はフィーバーした。

少し水通しのよい場所では、良型が素直に食ってきた。2尾の尺を含む、9寸オーバー10尾以上という最高の釣りである。ストマック内容は、ビートルやフライングアントの中・小型だったが、あらためてこのフライの威力を実感した1日となった。

夏の渇水で効くフライ

『べんじょ☆アブ』フライ以外にも、以前から真夏の渇水に使用して効果を得ていたフライがある。それについて、ここで少し解説したい。

増水している夏なら、大きく黒い『黒虫フライ』#7~11や、同サイズのカディスパターンが有効だ。しかし高温と渇水時には、まるで様相が変わる。まずは水状況を的確に感じ取らないと、ベストなフライ選択は不可能である。自分のマイブームで選択してももちろん楽しいが、フライのドレッシング（ボリューム感）

スパイダーパラシュート。#15のフックだが、シルエットは #6サイズを超えるくらいだ。華奢なシルエットで、中心が分かりやすいせいか、魚は真ん中めがけて食ってくる便利なフライ。その反面、壊れやすいのが難点

以前巻いたクイルボディー・パラシュート。現在のものはもう少しハックルとテイルが長めで、ハックルはパラリと巻いている。引き締まったボディーのシルエットが魚を引きつける

赤トンボ流下時のために作った、トンボフライ。柔らかい素材を多用してフッキングしやすいような構造にしており、投射性もよい

は重要で、その年によって大きく変化させる必要があると感じている。

まず重要なのが、羽アリである。これは#11から#23くらいまでそろえておく必要があり、実際には#30サイズくらいのものまで食べられている。渇水時にどのように流下してくるのかを見てみると、メイフライのように帆を立てて流下するケースが多く見受けられる。そのため、ソラックスパターンをよく使用している。場合によっては、フライのお尻を沈めても使うので、カーブドシャンクに巻いたもののほうが適応能力が高い。

現場でのドレッシングの仕方で浮き方を変えるが、自分の場合ほとんどがボディーまで浮かせて水平になるようにしている。大きめのものはピーコックなどをボディー材に使用し、小さめのものはダビング材で作る。

ちなみに、シナモン色で小さなパターンを持っておくと、助けられることがある。このパターンはCDC素材のウイングとインジケーターが同じものになるた

め、自分の場合はスポッテッドダンの色の濃い部分を下側に、白っぽい部分を上に長めに取り付けることで、イミテーションと見やすさの両立を図っている。

インジケーターやポストとして、白のCDCは見やすくてよい。だがウイング材にする場合、本物の虫の羽は白でない場合が多く、逆効果になってしまう。また羽アリは時として空中でお尻をトンボに食われてしまい、お尻のない状態でもよく流下する。これもよく魚に捕食される。そのようなパターンを巻くことも、一考すべきかもしれない。

ビートルパターンでは『ピーパラ』を使用しているが、どうも渇水時にはスレるのが早いように感じていて真夏には使わなくなっている。どのフライにも共通するかもしれないが、多くの人が使えば効果は半減してくる。人間の裏をかくことも重要かもしれない。

兵庫の北村さんが釣った泣き尺ヤマメ。体型、体高から尺を超えているように思われたが、数ミリ足りなかった。スパイダーパラシュート #15 での釣果

マイナス要因を隠すフライ

安定しているのが『スパイダーパラシュート』である。自分の場合、#15サイズにかなり大きくハックリングして、浮かせる時はボディーを濡らしてハックルがペタッと張り付くようにする。これは一般のフライサイズ的には#6くらいの大きさがあるのだが、渇水時に効果的なのは実証済みで信頼感が高い。このフライが効く理由は、複数の要素が組み合わさっていることだと思う。渇水ではとにかくティペット、フック、蛍光色（ピンクが最も警戒されやすく、オレンジが無難）など嫌われる要素が多い。またドラッグが掛かるのも、当然ながら悪影響を及ぼす。それらすべてのマイナス要因をうまく隠してしまうのが、『スパイダー

パラシュート』なのである。……少し大げさに表現したが、多少なりとも悪要素を軽減してくれるのだ。

まずはフックサイズに対して、超ビッグドレッシング・ハックル。これはハリの存在感をほぼ消してくれるし、ポストの蛍光色まで隠してくれる。そして空気抵抗が意外に少ないため、6〜7Xのティペットで投げることが可能になり、大きなシルエットの存在感とあいまってティペットの存在感を小さくする。さらには広い面積でペタッと張り付いてくれるため、ドラッグのかかりが遅い。複雑な流れでも踏ん張ってくれるのである。

いいこと尽くめのように感じるかもしれないが、このフライにも欠点はある。まずは張りのあるしっかりしたハックル材が手に入りにくいこと。ハックルケープのなかでもサイド上部の数十本しか取れないことが多いので、予想以上にマテリアルには苦労する。そして、フライの耐久性がよくない。でかいシルエットのわりに飲み込まれる率が高く、またウグイにも効果てきめんであり、10尾ほど釣るとハックルが円形を保てなくなってしまう。そうなると出も悪くなってきて交換せざるを得ない。釣れすぎる場面では使いにくいのが現状である。

しかも、このフライはスレるのも早い。自分でビッシリこのフライを釣った区間を次の日やってみると、ほとんど釣れなくなる。数日以内にその川で使われている場合、効果は半減すると考えておいたほうがよい。効きすぎるフライによくある現象ともいえる。

そしてこの時期、隠れた定番の『クイルボディー・パラシュート』も欠かせない。コカゲロウのスピナーやアメンボ（アメンボは食われないという説もあるが、ストマックからビッシリ出てきたのを見たことがある）など、細身の締まったボディーが効果的な場面も数多い。

しかしこれも、普通のバランスでドレッシングするとフックが強調されてしまう。そのうえオレンジなどの蛍光色が目立ちやすく、フラットな水面では使いにくい。テイルとハックルをオーバードレッシングすることで、それらの欠点をかなりカバーできる。これは夏にピーコック系を使っている人が多いせいなのか、意外な効果を発揮する人間の盲点をつくパターンの代表例かもしれない。

そして、最後に『べんじょ☆アブ』である。これは熊本の富田晃弘さんのフライをアレンジしたもので、最近はかなりの進化を遂げているので、『マークⅡ』と命名しておく。

本家『べんじょ☆アブ』は、ボディーがブラックのフォーム材でソラックスはブラックのシールズファーである。ポストはCDCタンで、ハックルはスペックルドバジャー。ウイングはダークブラウンからグレーのハックルティップである。これだとかなり巻くのに時間が掛かり、タイイング難易度も高い。

それを簡単に、しかもきれいに巻くことができて、同一に近いシルエットを可能にしたのが『マークⅡ』だったが、本当によく釣れた。ぼってりボディーにV

渇水の本流の大プール。このプールの流れ込みで釣れたのが、下写真の手に持っている32cmの尺ヤマメ。フライは#15マークⅡ

字スペントのシルエットはとても虫っぽく見えて、早い時期から終盤に至るまで効果を発揮する。サイズを広くそろえることで、多くのシチュエーションをカバーしてくれる。

なお現在の『マークⅡ』のマテリアルは、ボディー、ソラックスはすべてピーコックハール。ポストはCDCホワイト。ハックルはミディアムダン。ウイングはダークブラウンかクリーのコックハックル・ティップである。現在、その『マークⅡ』もマイナーチェンジ中である。

魚の目線で考える

釣れるフライに共通していえることは、大まかなシルエットや水面との接し方が本物に近いということである。これは人が見て感じる部分ではなく、水面に浮かべたうえで魚の目線からそのように見えればよいわけで、細かい部分まで精密に再現されている必要はない。

テイルが必要であるかないかなど、よ

く質問を受けるが、魚にとってはおそらく関係ないことである。ただ、テイルが浮くことによって水平を保ってくれる必要がある場合、姿勢を保つうえで必要不可欠になるわけで、そのような事案はフライにはよくある。

水面にどのように浮いているか？　シルエットはどうなのか？　色や大きさは……？　目の前の流れが増水なのか、平水なのか、渇水なのかを考慮しながらフライを選ばなくては、よい結果を得ることは難しい。

フライの話を始めると、微妙な変化球や、魚が色を識別できるかどうかなどもあって説明するのは長くなる。だが、まずは大切な要素が何なのかを感じることだろう。そして最終的には、魚がいるところにフライが投じられて、自然に流れ切ることが、そのフライの実力を知るうえで最も重要な要素である。それができなければ、フライは魚との勝負の土俵にすら上がれないことになる。そのことは、肝に銘じないといけない。

東北でこの時期にしか見られない、魚体と色合いが完璧な 32cm

大ヤマメの習性をつかむ

釣ることの難しさ以上に、その美しさで
釣り人の心を鷲掴みにする大ヤマメたち。そして、
気が付けばその難しさの虜にさえなっている自分がいる。

31cmのメスヤマメ。
居着きではないと思われる個体だった

プールが連続する区間。まとまって魚が入っている期待感があり、移動性のヤマメが群れを作っている可能性もある

魔性の魚

毎年思うことだが、ヤマメは本当に釣るのが難しい。夏に入ると、その難しさはさらに増し、そこから本当の大ヤマメの季節に入ってくる。美しさもピークを迎え、釣った時の充実感は何にも代えがたい。釣り人にとっては、もはや中毒のようなものなのだろうか。釣れれば満足する一方、直後にはそれ以上の魚を求めたくなる。しばらく遠ざかれば禁断症状が出かねない、ある意味で異常なほど魅力的な対象魚だと思う。

ヤマメはトラウト類では小さい部類に入るかもしれないが、とにかくすばしっこいし判断能力が高い。ヤマメたちの不注意でもない限り、釣れないのではないかと思えるほどで、好釣果には運も必要だ。まして尺を超えるヤマメは、もはや神に近いとさえ思ってしまうのは、僕だけだろうか？　少々大げさだが、それくらいヤマメというのは魔性の魚だと思う。

毎シーズン複数の尺ヤマメが釣れるようになると、大ものがたくさんいる川に通い続けたくなるはずだ。また、ヤマメ釣りの本質を感じることができれば、多くの釣り場で通用する優れた技術を身につけられるだろう。

　ちなみに朝夕マヅメの釣りは、規制がかけられている河川や県が多い。美しい尺ヤマメを写真に残しにくいので、僕の場合は完全にやめてしまった。あくまで自分だけの基準だが、きれいな状態で写真に残して、ようやく尺ヤマメを釣ったという気になれる。ネットインした後で逃げられたり、写真がボケたりしていたら釣った気がしないのだ。しっかり記録と記憶を残して帰宅して、ようやく1尾の尺ヤマメとの出会いが完結すると思う。

大ヤマメの季節

　その年に育った尺ヤマメは、とにかく素晴らしい。関東以南では河川によって解禁直後から可能性があるし、40㎝まで育つヤマメも少なくない。

　しかし、大雨や渇水、高温、あるいはアユ釣りの状況……さまざまな要因で、このようなヤマメたちは7月以降、釣るのが困難になってしまう。その年の気候の恩恵や、ダム放水が水温上昇を抑えるなど、多くの条件がそろわないといい釣りはできない。

　その点、関東以北は環境が違ってくる。冬には雪がどっさり積もるし、春には雪代がしばらく続く。本流域が釣れるようになるのが5月下旬であれば、早いほうである。上流域の高齢魚は雪代収束直後から最大のチャンスが来るのだが、その年に育つ尺ヤマメたちは基本的に7月に入ってからが本番だ。

　以前、『尺ヤマメの戦術』という本のなかでデータを取ったところ、7月から9月の禁漁まで確実に尺の数が増していった。本流や大渓流に関しては、今でもまったくそのままの傾向があるのは間違いない。つまり僕のフィールドである東北圏では、その年に育つ尺ヤマメを釣りたいなら、その時期に集中して釣るべきだといえる。

　しかし7月に入ると、今年も猛暑と渇水だった。7月末からはアブの大群が出てくる。川に行かない理由はいくらでも作れるくらい、マイナス要因がある。それでも、釣れるのはその時期なのだから面白いものだ。

　少しの雨、何らかの虫の流下……。ちょっとしたきっかけで、尺ヤマメたちは油断する。そして、それだけではなく7月からは繁殖に向けた準備を着々と進めていく。それまで群れていたプールが酸欠状態になったり、アユ釣りファンに占領されたり、移動せざるを得ない要素が増えてくるのである。とくにメスが移動すると、見える範囲のオスが確実に付いていっている気がする。それは単純に、つがいの2尾だけの場合もあるし、複数尾で動くことも珍しくない。以前にも書いたのだが、ハーレムが動くのである。そして動くということは、当然釣れるチャンスになるのである。

このような深瀬は、高水温時にも酸素が多いため、移動中の魚が休む場所になる

岩盤に沿ったストレートなプールは、大ヤマメが好む場所の１つ

なぜ魚が動くと釣れるのか?

前年の冬に生まれたヤマメは、なんとか冬を乗り切って半年後の夏くらいから水面のエサも捕食し始める。例年、7月中旬から釣れるチビヤマメたちがこの当歳魚だ。これを年をまたいだから2歳と呼ぶべきか、当歳と呼ぶのかの議論はひとまず置く。いずれにせよ彼らは、ある程度の群れのまま、夏を乗り切るため居心地のよい場所に分散する。

その後9月くらいの時点で、大きな個体は20㎝を超えてくる。ここまでは東北も関東以南もほぼ変わらない。そして、秋から春までの厳しい寒さが成長量を大きく分けていくことになる。

関東以北や高地は水温が0℃近くまで下がり、すべての生きものが活動停止に近い状態に陥る。その点、冬でも雪の降らない地方では、虫もある程度は動き回る。ヤマメは、それを食べ続けることができるのだ。そのまま解禁を迎えるわけだから、20㎝の個体があっさり30㎝前後まで成長してしまう。ただしその後、今度は高水温によってGW明けから夏にかけて、成長が停滞する場合が多いと考えられる。当然、台風などの大水も打撃になり、個体数も減ってしまう。

一方で関東以北の場合は、雪代前くらいからようやく捕食活動を再開する。そして気温の上昇と雪代の増水により、さまざまな虫が流れ、4月くらいから一気に成長を始めるのである。雪代が終わるとカゲロウ類のハッチや陸生昆虫の流下に伴い、魚が水面で捕食する比率が高くなり、ドライフライの季節になる。

このころから、さまざまな手法で釣り人がヤマメに挑む。その結果、釣り人の手をかいくぐったヤマメだけが残っていく。そして6月くらいのこの時点までは、魚はほぼ同じ場所にいる。そこで隠れ家や逃げ道、あるいは注意すべき人影が現われる位置などを学習できるのだと思う。つまり、魚が自分の身を守る方法を確立している場合が多いのだ。

猛暑になる7月は、増水または渇水、アユの解禁などで、魚たちは移動を余儀なくされる。この移動は、川によっては数キロメートル以上になることも珍しくない。そして移動してしまったヤマメたちは、新たな場所で無防備な状況にさらされる。このチャンスを逃さず釣ることで、尺ヤマメに出会う確率は高くなる。

そして忘れてはいけないのが、尺ヤマメが釣れた前後には同サイズの個体が多数いる可能性があるということ。小さなポイントでも、侮ってはいけない。日が変わっても、次の状況変化までは、その近くに別の尺ヤマメがいるのが普通だ。

そして7月以降の移動は、意外に距離が短くなる。ポイントの形状にもよるが、ほとんどは１００ｍも動かないように感じている。大きく動くのは東北の場合、間違いなく6月後半から7月中旬だ。

以降は禁漁まで、ほぼそこに近い場所で居着く。そのため最初にその群れをつかむことが、複数の尺ヤマメを手にするコツである。ただし、これは毎年同じよ

大渓流の魚らしい36cmのメス。居着きの個体ではないと思われる。しかし真夏の渇水および高水温のせいか、ボディーはスリムになっていた

うなパターンの川と、まるで変わってしまう川がある。思い込みを持たず、常にその川全体を把握することが肝心だ。尺ヤマメが多く存在する河川に通い込むことは、確実に結果を出すことにつながる。それを複数の河川で実践できれば、大ものと出会う確率はさらに上がる。ただしそれができるのは、よほど時間に余裕がある人か、釣りが仕事の人くらいかもしれない。

遠征組がいい思いをする理由

ここまで、ヤマメ釣りの難しさについて書いてきた。それでは、特定の人にしか尺ヤマメは釣れないのだろうか？　実はそうでもないのが、釣りの面白さなのである。

そもそも釣りは、運がかなりの部分を左右する。たとえば上手い人でも、とりあえず1尾も良型に出会えなければ、その年のその川を見切ってしまうことがある。特に地元でよく知った川などで

は、「このポイントで出なければダメだな」などと考えてしまいがちだ。だが一方で、たとえば同じ川に初めて来た人でも、運よく尺ヤマメに会える可能性はある。そして同じパターンで次の日も釣れたり、翌月に行ってまた釣れるなどのケースもよく聞く。地元の釣り人ほど、良型を釣る可能性が高いと思っている方が多いかもしれないが、実際はそうでもない。

地元の釣り人は、連日同じ川に通うことが少ない。普通は週末など限られた時間に釣りをするので、好機であっても良型を連発するということはできない。逆にまとまった休みを取って遠征する人は、数日間じっくり釣ることができる。その時に群れに遭遇したり、増水の引き際などで好機だったりしたら、ほんの数日で尺上数尾を釣ることも珍しくないのだ。

広い視野で有望河川を回りつつ、チャンスをうかがうような釣りを組み立てるのが、遠征での尺ヤマメねらいの基本だ。そして地元の川に行くなら、毎週できる限り決まった河川に通い、高密度区間で好機を待つような釣り方になる。

遡上性の魚

のぼりヤマメ、ダム差し、本流差し、これらはすごく魅力的な言葉だが、東北では意外にそのような魚とは出会いにくい。地元にもたくさんのダムや堰堤があるが、そこから上がってきたであろうヤマメが釣れることは年に数尾程度に感じている。本流から支流に差した魚も、それぞれの河川で数えられる程度のもので、ねらって釣るのは難しい。

それでも東北でねらうというのなら、7月上旬以降の増水の後か、高温渇水が続いた後だろう。大増水はダムや堰堤を泥沼のようにする。その引き際は、流れ込みだけが澄んでいるから、泥水で苦しくなったヤマメたちもいっせいに上る場合がある。

また、ダムや本流で水温が上がりすぎた時も、水温の低い支流に魚が逃げ込むのか、堰堤下などにごっそりいたりする。

ただし、先にも書いたようにそんな状況に出会う確率は低い。10年に一度くらいのように思える。1河川あたり、ただし、釣り人はよかった時のことをずっと話し続けるもの。そのためか、毎年そんなチャンスがあるように錯覚しがちだ。そんなオイシイ話に、多くの人が踊らされているように思う。

また噂というのは、大勢の人に広がる際に誇張される。実際は1日で数尾の尺上ヤマメを釣ったという話が、入れ食いだったとか、群れを成していたとか、誰が行っても釣れるとか、釣れれば全部尺だとか……になるわけだ。

ちなみに、噂に踊らされた一番の愚か者が僕自身である。ただし、そのような経験のおかげで、もちろん学ぶべきことや成長できたこともあったと思う。そう考えれば、噂に翻弄されたことも「重要かつ無駄」な時間だったのだろう。

キノコ採りや山菜採りも一緒だが、大漁の前には必ず下見や無駄な歩きが必要

こちらは居付きと思われる尺ヤマメ

上／遡上タイプと思われるヤマメの尾ビレ。付け根が細く締まり、ヒレの切れ込みが深い。上下にスラリと伸びた印象

下／支流が滝となって落ちてくる出合。このような止めは、大型の魚と出会えるポイントの1つ

だ。運ではなく、ねらって釣るためには、下見作業が欠かせない。その年の季節の進みぐあいや魚の数、大きさなどを前もって把握しておくことは必須である。

今回、僕が説明した季節の進みぐあいは、もちろん年による変動が大きい。当たり年は、本当に少ないものである。東北広しといえども、素晴らしい釣りができる川は限られる年がほとんどなのだ。

ことに雨の量は、かなり重要な要素。多ければ多いほどヤマメは成長しやすいが、ドライフライのチャンスは少なくなる。そのような時には、エサやルアーでの好釣が多くなる。適度な増水と平水を繰り返すのが、最も理想的だといえる。

国土交通省などのホームページで水位を確認していると、そういった状況はある程度把握できる。だが、実際の虫の流下などは、行かないと分からない。現場では意外な発見もあり、それがまた面白いのである。使えるものは利用しつつ、悩んだらなるべく現場に向かうことが、好結果につながるのだと思う。

必殺フライは存在しない

思い込みを捨てて、パワーバランスという観点か
フライを考えてみる。尺上ヤマメがフライを
食う・食わないの分岐点とは？

4K カメラの撮影風景。今回はいろいろ試行錯誤の末に、このような魚に巡り合えることができてよかった

パワーバランスの話

結論からいうが、必殺フライなどというものは存在しない。その人が信じてそれだけ使っていれば、そのフライで釣れる確率が高くなるだけである。しかし、その時その時で魚が意欲的に食いにくるフライというのは確実に存在する。その感覚をつかむことこそが、その釣りの極意のようなもの。つまり必殺フライを、その場で選び出すことが必要なのである。

まずはフライの「パワーバランス」を考えなければならない。フライは、そのサイズや浮き方、ハリの目立ちぐあいなどによってアピール度が変わる。また同時に、魚に警戒されやすいかどうかも変わる。このバランスを考えることが、フライ選択において重要なのである。その感覚を、僕は勝手に「パワーバランス」と呼んでいる。

尺以上のヤマメをねらうことを前提に話を進めると、見える魚（サイトフィッシング）で対戦してみると分かりやすい。増水時の濁っている状況で、水面直下に定位している尺ヤマメなら、大きなフライでもあっさり食ってくれる。しかし渇水時の止水に近いプールだと、プレゼンテーションしただけでも逃げることもある。サイトフィッシングではそのようなことを理解していれば、ブラインドの釣りでも水面下で同じようなことが起きていることが理解できるはずだ。

では単純に増水＝大きなフライ、渇水＝小さなフライなのかというと、大ヤマメに関して、それは当てはまらないことが珍しくない。フラットで#9の黒虫フライをバッサリ食ってくるのもいるし、増水して濁った水面で浮いてバクバクやっていても#19のフライングアントでないと食わなかったりする。

自分がその状況をどのように捉えて、パワーバランスを考えるのかは、やはり長年の勘や経験の積み重ねが必要だ。ここでは、できるだけ分かりやすく解説したいと思う。

釣れるパターンはさまざま

尺を超えるヤマメというのは、とにかくエサを食べたい個体が多いようだ。つまり少しでも多く、しかも栄養価の高いエサを食べたいという性質なのは、間違いはないと思う。したがって、人的プレッシャーがない場合、基本的には大きなフライであっさり釣れるのである。

しかし、ここにもパワーバランスが生じてくる。そもそもヤマメは、警戒心が強い。大雨などによって数週間、人が来ない環境では、多少釣れる可能性は高まる。だが、やはり難しいことに変わりはないのである。

振り返ってみると5Xティペット、#9のフライでかなりの数の尺ヤマメが釣れた一方で、7Xティペット、#17以下サイズのフライで釣れた尺ヤマメもかなりいる。要するに状況に合わせてフライやシステムを変化させないと、尺ヤマメと出会う確率は減ってしまう。もちろん自分が求める釣りのスタイルは、各自が持っているだろう。だが、結局は魚に合わせて釣りを組み立てる必要がある。

東北広しといえども、尺ヤマメがたくさん出る川は決して多くない。そうなるかどうかは気候に左右される部分があるし、人為的な要素もくわわる。

まずは冬からの気候がおだやかだと、年を越すヤマメの個体数が増える。そのうえで、その川の平均水位が高いことが重要になる。水量が多いと酸素量が増えるし、水温の過度な上昇も防いでくれる。そして流れが太くなると、エサも大量に流れることにつながる。個体それぞれのテリトリーを増やしてくれるわけだ。

高濃度の酸素が含まれる流れは魚体を大きく育み、菌類にも犯されにくいということを、以前テレビで見た覚えがある。まさにそのとおりだと感じている。大ヤマメの川は、必ずといってよいほど瀬が大きく長い。石もそこそこのサイズがあり、当然アユの銘川にもなる。ザラ瀬が多いと酸素量は増し、ある程度水が減ってもヤマメたちを守ってくれるように思う。

ちなみに個人的には、温泉水の流入河川も何らかの影響を及ぼしている気がする。ただしこれは、専門家ではないのでよく分からない。

いずれにせよ諸事情に鑑(かんが)みながら、尺ヤマメがいる川を選定して通い込むことが、尺ヤマメを釣る近道である。しかし、いざ魚との駆け引きの局面で運に頼ってばかりでは、なかなか魚を手にできない。パワーバランスを毎回考えながら釣りをすることで、出会いもおのずと増えてくる。

定石はあるものの……

まずは水位のチェックとライズの有無を確認することが重要である。やはり定石どおり、水位が低い場合は、細仕掛け&小バリがよいことが多い。増水時でライズなしの場合は、なるべくヤマメに気づいてほしいので大きめのフライを選ぶことが多い。その際は必然的に太い仕掛けになる。

これで普通に釣れれば、パワーバランスの考慮など必要ない。だが経験を積んだ釣り人の場合、「これでは何か違うな……」と違和感を覚えることがあるはずだ。説明するのは難しいが、流れの雰囲気や魚の気配、あるいは魚のやる気のようなものから、なんとなく感じることがあるのだ。

そこで一応定石のフライでスタートしても、ここぞというポイントからの反応しだいで大きく変化させたり、あるいは微妙に変えたりする。そして最終的に尺ヤマメが食べたいフライを導き出して、チャンスをできるだけ大きくするのである。

8寸ヤマメが釣れるフライと、尺以上が食いに来るフライは、異なるケースがある。それをいかにして見つけ出すかが、つまりパワーバランスを取るということなのだ。

黒虫フライ　＃９

今年（2015）もかなりの数の尺ヤマメを、このフライで釣ることができた。特に増水気味の条件では圧倒的な効果を得ることができる。フライの直径は５cm ほど。ちなみにここでは上のフライほどパワーバランスが強い。つまり魚に対するアピール度が高く、強いインパクトを与える

スパイダーパラシュート　＃15

黒虫フライ同様、あまりスレていない条件で効く。黒虫のパワーバランスでは強いと思われる時には、このフライを選ぶ。大ものが食ってくれるフライの１つ。ハックル直径は 4.5cm くらい

マークⅡ　＃17

小さめのフライでも、スペントのシルエットを意識する個体は少なくない。ローテーションの１つとして、今シーズンはよく使用した

ぶら下がりのフライングアント ＃19

完全にポストのみを浮かせて、ボディーやハリなどは沈めて使うパターン。ハリ先を気にしないような魚には抜群の効果を発揮する。下のソラックスパターンに対する反応が鈍い時には、こちらを使う

フライングアント・ソラックス　＃19

ハリ先付近までフロータントを付けることで、水面にぽっかり浮かせることができるパターン。いろいろと浮き方を変えることができ、サイトフィッシングにおいて応用力のあるフライだ

2008年9月上旬に釣った「お化けヤマメ」。この時は33cmで、DVD『One On Stream』に収録された

2009年5月中旬に釣れた際の写真。ポイントは少し変わっていたが、上と同一と思われる個体。僕の著書『尺ヤマメの戦術』(つり人社)に掲載された。このころからアブラビレが痛んでいたようだ

長期戦に持ち込む

今年(2015)の5月下旬の話だが、釣りビジョンの撮影で4Kカメラを目にする機会があった。これはきれいに映るが、ピント合わせが難しいらしい。そこで最初に魚を見つけて、それを1台のカメラで撮影し、もう1台は遠めから撮るスタイルになった。つまりサイトフィッシングに徹することになったわけである。

サイトフィッシングはこの釣りならではの醍醐味があるが、少しこじらせると本当に厄介なものだ。ここでもパワーバランスが必要になってくるのだが、まずは射程圏に入っても逃げない状態を確保しなくてはならない。そのうえで、僕の場合は7Xに#17~21のフライを結ぶ。細心の注意を払いながら、柔らかいプレゼンテーションを行ない、フライ先行で流れるようにレーンに入れてみる。これで食ってくれれば一発なのだが、なかなかそうはいかない。

2010年６月下旬に、嶋崎了さんが釣った34.5cm。その後はしばらく姿を見せなかった

今年の５月末に釣った37cm。これまで５年間、目撃情報なども聞かなかったが、どこでどうやって生きてきたのだろうか？　黒点の数は、若干増えているようだ

イワナの場合は、ほぼ予測どおりに食ってくれることが多い。だがヤマメは口を開けてフライが入ったように見えて、実際はこぼれているようなこともある。長年生きているヤマメは、やたらと目がでかい。これはやはり見ることに徹しているため、進化の結果大きくなるのではないだろうか。ヤマメは本当にフライをよく見る。食べる時はパックリ飲み込むのだが、そうさせるのは難しい。

浮いている尺ヤマメを見つけたなら、まず1投目に集中することが必要だ。最初の反応で釣ってしまえるなら、最高である。しかしそうでない場合は、ゲームを続けることに集中して長期戦に持ち込む。長期戦に持ち込むには、まず逃げられないことだ。ここでパワーバランスが必要となるわけだ。フライに反応するのか？　ハリ先に気づくのか？　ティペットの影に反応して逃げるのか？　これらを数投の範囲で確認しなければならない。

ただしここで逃げても、大きいヤマメに限っていえば、戻ってくるケースが多

５月下旬の釣りビジョン撮影時に釣れた37cm。少し時間はかかったが、最後にはフライングアントをしっかりくわえてくれた。その時は気づかなかったが、あとで写真を見ると……

い。最初は戻ってくるまで15分くらいかかる場合もあるが、日中に浮いている場合は、だいたい7~8分で戻ってきてライズし始める。慌てず騒がず、ティペットは魚を取れる範囲で細くしながら、フライをローテーションさせる。

ハリ先を気にしない魚なら、フライは水面下でぶら下がって浮くタイプが効果的だと思う。ハリを気にする魚ほど、完全に浮くタイプに反応してくる。バランスとしては、ソラックスタイプのフライングアントに全体的にフロータントを施し、ハリまで浮かせれば、最もソフトなパワーバランスになる。この場合フライは#23で、フロロティペットの8Xくらいまでが尺ヤマメを取るギリギリの細仕掛けということになる。

ただしそこまでやらないと食わないことは、特殊な状況以外ではめったにない。基本的には前述のとおり、7Xに#17~21になる。フライパターンを重視して完璧なドリフトを続け、食わせるところまで持っていく。

お化けヤマメの正体は?

話を撮影時に戻そう。その日は運よく、役内川水系で37㎝のヤマメをサイトで釣ることができた。一部始終は11月中旬に放映予定なので、ぜひとも『フライフィッシングギャラリー』を見てほしい。

※2016年4月、DVD『Hunt Down 究極のサイトフィッシング』(釣りビジョン)として発売。

さて、そのヤマメが、実はそのあとで僕を驚かせることになった。というのも、どうも魚体に見覚えがあったので確認してみると、2008年にDVD『ワン・オン・ストリーム』シリーズの1作目に収録されていた33㎝のヤマメと同一個体らしかった。しかもその後、次の年の春も同サイズで釣れたのである。

それからしばらく見なくなったが、2010年6月下旬に34・5㎝になったその魚を、今度は嶋崎了さんが釣りあげた。その後は、てっきり死んでしまったと思っていたが、5年を経て37㎝にまで成長しての再会になったのである。

このヤマメはアブラビレが欠損していて、ちょっと再生したり、白く腐ったり、ほぼなくなったりを繰り返している。つり人社の書籍『尺ヤマメの戦術』で僕が釣った最大魚である41㎝ヤマメも、8~9歳ではないかと書いたのだが、このような事実に直面すると10歳以上の個体もいることが分かってきた。繁殖能力のない個体に違いないと思うが、33㎝になるまで3年かかったとしても、10歳であるのは確実と考えられる。やはり条件の整った渓流域に棲むヤマメは、ミステリアスな魚なのだ。

ちなみに岩手の渓流でも同じような個体が生息しているので、東北では珍しいことではないのかもしれない。僕らは「お化けヤマメ」と呼んでいるが、すべて同じような特徴を備えている。まずメスであるように見えることと、痩せ気味で目が大きく、尻ビレが長い。そして年齢を感じさせる肌艶で、釣ったことのある人なら「例のヤツね」で通じる大ヤマメが、「お化けヤマメ」なのである。

さて、今後この魚は、さらに大きくなることはあるだろうか？　見たいような、見たくないような……。ここまできたらギネス記録（ヤマメ最高齢記録なんてないだろうが）まで生き残ってほしい。

尺上が食べたいフライ

話が逸れてしまったが、最後に大切なことをもう一度まとめておきたい。

10歳魚と思える個体を目の当たりにできるとは、想像もしていなかった。どんな条件で育てばこのようになるのだろうか。ヤマメの生態に関して、今後の新たな発見に期待したい

まずはその日の状態を見極めるのが、尺ヤマメへの近道になる。彼らは視力がとてもよい。そして運動能力も、まるでレーシングマシンのようである。カーブも急加速も急停止も可能。そんな魚を相手にするには、「魚が食いにくるフライ」を選択できないと勝負にならない。

その時に常食しているサイズとシルエットは、渇水や増水、季節や時間や天候によって変わる。それを踏まえて、柔軟にヤマメたちの「これを食べたい」という気持ちに寄り添えるかどうかが、釣るためのキモとなる。

大ものほど、やはりでかいエサを食べたいのは確実だと思う。本流域にいたっては渇水でも、大ものは大きいフライに出やすい。日によって流下する虫は変化するが、それらに注意を払いつつ、対応していく必要がある。

こういったことがフライの「パワーバランス」を知ることにつながり、尺ヤマメを水面に引き出すきっかけになるはずだ。

2015 最終ヤマメ

9月 15、17 日シーズン最後の釣りから。
お盆過ぎに気温が一気に下がると、
雨が多くなり水温も下がった。
そのころから尺上ヤマメが急に増えだした……。

急成長したマイタケの大株。重さは 4kg ほどもある。キノコも盛期のものは、ヤマメと同様に美しい

3時過ぎに、赤トンボの大群が空を舞った。目を凝らせば山の陰に光の点が見えるかもしれないが、それらはすべてトンボだ。コカゲロウやヒラタ類が大量ハッチしており、それをねらっているのだろう。つまり空を飛ぶ小さな虫の数は、トンボの数から推察できる。こういった状況では、ヤマメが上ずっていることが多い

ヤマメとキノコそれぞれの旬

今年の釣りは実質上、9月の17日で終了した。当然、禁漁ギリギリまで尺ヤマメは釣れ続けるのであるが、どうも近年、色ぐあいや釣れ方に寂しさを感じてしまうのだ。もちろんこれも個人的に感じるだけのことで、ルール上可能な範囲なら川に立ちたいのが釣り人というもの。自分もそうだったから、そのことは理解できる。

僕個人としては、7月のヤマメが最も好きだ。肌艶、色合い、体型など、どれをとっても7月中旬から8月のお盆前が最高の魚体を見せてくれる。釣るまでのエピソードや駆け引き、やり取りまで、すべて活気に満ちていて、本当に楽しいと思う。

これがお盆を過ぎた時期くらいから、様相が変わってくる。この段階で最初の寂しさを感じるのだが、急激に日照時間

北村さんの釣った 31.5cm のオスは、やや婚姻色が入っており、シーズン最後の雰囲気を漂わせていた

東北最初の遠征でも、最後の遠征でも尺をキャッチした北村さん。有終の美を飾ったのは 31.5cm のオス

が減り、それに伴いヤマメたちにも色が入り始めてしまう。いわゆる婚姻色である。僕はキノコ採りなどで雪が降り積もるまで山や川に入り続けているが、その時期の小沢に入ってくる真っ黒なつがいをほうふつしてしまう。まあ、生物は子孫を残してやがて死ぬわけで、当たり前のことだが、その時期を境にピークは越えたと感じてしまう。

キノコ採りを例に出しても分からない方も多いかもしれないが、マイタケやマツタケも出始めの小粒状態から大きく開くまでが最もワクワクして山を駆け巡る時期だ。大ものが多くなり、出始めの小ものが見えなくなると、そのキノコの終了時期が見えてしまう。それはそれで大ものねらいとしては面白いのだが、採り残しや見逃しを捜すか、遅出の場所に限られてきて寂しいのである。

当然キノコも大ものになると、たとえばマイタケやマツタケも虫に食われていたり、色が抜けたり、味も風味も盛期に至るまでのものに比べると質が落ちてし

まう。同じ大ものでも最高の時期に最大になったキノコは、かなりの短期間で急成長して味も食感も落ちない。その成長期の止まる寸前の状態が最高に美しく美味しいタイミングなのだが、それがシーズンに何回も楽しめるほど甘くはないのはヤマメと似ている。時期を少し変えても、やはり日本のように四季がはっきりしている国の生物には、旬があるように思う。その旬を楽しむのが釣りであり、山菜やキノコ採りであるのだ。

好条件の流れで黒虫フライを

2015年度は、季節が進むのが2週間ほど早かったように感じる。お盆過ぎに一気に気温が急下降して、雨も多くなり水量が増して水温も下がってしまった。やはりそのころから尺を超すヤマメが急に多くなり、よく釣れるようになった。それぞれの事例は今後少しずつ紹介していこうと思うが、今回は最終の9月15日、

17日の2日間の釣りを振り返ってみたい。

　15日は、前日までかなりの雨が降ったことを考慮して、比較的雨量の少なかった北東北の本流に向かった。上流側から流れを見つつ下ったのだが、かなりの水位で、渡れる所がなさそうだった。しかし9月に入ってから雨が多かったせいか、山が洗われている感じで濁りはほぼ入っていなかった。

　これはヤマメにとっては確実に好条件であり、尺ヤマメの期待感は高まる。渡れないので短い区間の探り釣りになるのだが、出ればデカイはずだと信じて、ダブダブの本流にフライを流していった。このような時は小さいフライで釣れないことはないが、シルエットが大きくはっきり見えるフライのほうが勝負が早くなると思う。僕は迷うことなく、増水の本流域でのヤマメには#9黒虫フライを結ぶようにしている。これは7月以降の選択だが、禁漁ギリギリまで出番は多く、数多くの尺ヤマメを引き出してくれる信頼の一本である。

　この日、僕は尺ヤマメを釣ることはできなかったが、同行した北村さんが31・5㎝オスの尺ヤマメをキャッチした。流心が大きな岩に乗り上げてくるような流れからゆっくり浮上して、岩の上でフライをバッサリくわえた。合わせたラインが上の木に絡まるなどアクシデントもあったが、黒虫フライを飲み込んでくれていたために、外れずにすんだ。

　この日の状況は悪くなかったのだが、要所を下流向きの足跡で釣られている感じで、大場所からの反応は少なかった。おそらく午前中の早い時間帯からルアーマンが釣ったのだろう。このような場合、大場所続きの区間がよくない場合が多く、瀬続きの小棚がねらいめになる。

あきらめずに何度も……

　そして17日に、再びこの本流に戻ってきて朝から入った。水量的にはかなり平水に戻っており、渡れそうなのでどの区間でも入れそうだ。先日入れなかった区間で釣ったが、どうも黒虫に出る気がしない。先日の夕方にコカゲロウやヒラタが相当ハッチしていたので、早朝にスピナーが流下していたのでは？　と考え、フライは#13のクイルボディー・パラシュートにした。

　しかし叩いても反応は得られず、疑心暗鬼になり、スパイダーパラシュートに変更。どこか噛み合わない気がしながら、ルアーマンが飛ばしそうな浅い瀬棚を丁寧にねらっていった。先行している北村さんは黒虫で大場所ねらいのように見える。平場が続く対岸のスリットをねらわずに上流に向かってしまった。水深は膝くらいだが、流れがスリットにしっかり向かっていて怪しい流れである。

　1投目、スパイダーにフワッと反応した白い影。尺ヤマメであることはほぼ確定したのだが、その後数投しても反応しなかった。この時期、反応すれば本流ではバッサリ食ってくれることが多いのだが、あきらめるのももったいないのでフ

クイルボディーをくわえた31cmのメス。スパイダーは見切ったが、こちらのパターンは迷わずくわえた。多少偏食していたのかもしれない

ライを#13クイルボディー・パラシュートに戻すことにした。すると2投目に、ゆっくり浮上してガップリ食ったのである。やはりこの時期の本流では、魚を見つけたらあらゆる手段を投入するべきだとあらためて思った。叩きすぎず、ドラッグが掛からない状況を維持できれば、何度かのフライチェンジで反応してくるものなのだ。

ヤマメは31㎝のメスだった。この感じから、やはりクイルボディー・パラシュートが効くと判断し、今度は自信をもって釣り上がった。9寸から、尺に少し届かないサイズが何尾か釣れた。こうなってくると、もう1尾くらい尺ヤマメが釣れそうな雰囲気である。

そして、以前に大きいヤマメを確認していたフラットなポイントでライズを発見した。9寸程度に見えたので、クイルボディーをすぐに投げてみた。思ったとおり、9寸ほどのヤマメがス～ッと付いてきて、食う寸前で身をひるがえしてしまった。面白くないので、目先を変えよ

うと思い#9黒虫を結んで同じコースを流してみた。すると先ほどとはまったく違う大きな影が、ゆっくり浮上してゆっくりフライを押さえ込んだのである。以前に確認していた大ものは、やはりいたのである。

33cmのストマック。大きな翅はムラサキトビケラのもので、カマドウマの脚も見える。これらの大きさを考えると、直径5cmの黒虫フライでも小さく見える

尺上の胃に入っていたのは?

大ものは大きいエサを食うとはいわれるが、「これは俺が食う!」と言わんばかりに浮上してきたのには驚かされた。かなりのファイトの後、ネットに納まったのはすごい体高の33cmオスヤマメだった。もっとデカイと思ったのだが……。この体型を見れば、サイズ以上に重量感のあるファイトだったのも納得できた。

ストマックを取ってみると、なかなか吸い出せず苦労した末、ズボッと出てきたのはムラサキトビケラの羽とカマドウマの足である。5cmを超えるくらいの直径を持つ黒虫フライですら、少し小さく見えるようなストマック内容であった。

本当の大ものは、やはり夏を過ぎると大きいエサを待つ傾向が見られた。だが流下物を偏食する個体もいて、一概にはいえない。常に柔軟に、その場に応じた釣りの戦略を組み立てることが、多くの尺ヤマメに近づく手段なのである。

この17日が、今年最後のヤマメ釣りとなった。というのも、季節の進みが早くキノコが気になって仕方がなかったのである。ちょうどヤマメに婚姻色が入り出すと、マイタケが生えてくるのだ。悔いの残らない、僕のシーズンオフのタイミングである(笑)。

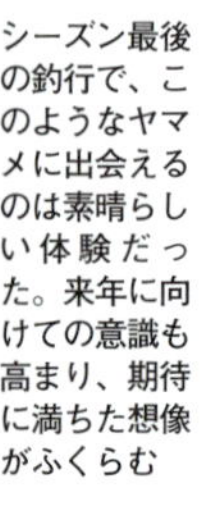

シーズン最後の釣行で、このようなヤマメに出会えるのは素晴らしい体験だった。来年に向けての意識も高まり、期待に満ちた想像がふくらむ

今回のクライマックスとなった33cm オスヤマメ。フラットな水面で、9番の黒虫フライをゆっくりしっかりくわえ込んでくれた。大きなフライを投げるため、ロッドは来年（2016）発売予定のグラスマスター NSF774の4ピース（プロトタイプ）を使った

べんじょ☆アブ生みの親 富田さんの東北遠征

２人のバンブーロッド・ビルダーが釣り歩いた
９月の東北の渓流から。釣りと肴と酒、
そしてヤマメのカツオ理論とは!?

右が本家べんじょ☆アブ、左がマークⅡ。シルエットや浮き方に大差はないが、各部位のマテリアルが異なる。魚の反応が大きく違うとは感じなかったが、使い続けていると微妙な差があるかもしれない

サイトフィッシングで釣れた29・7㎝オスヤマメ。この時期にしては色がよく、真っ白な腹が印象的だった

べんじょ☆アブ誕生裏話

熊本の富田晃弘さんはバンブーロッド・ビルダーで、釣りのレベルは高い。春に僕が九州に行った際には、釣り場を案内してもらっている。ここ数年、僕がしつこくやったポイントで、富田さんがヤマメを出すというケースが何回か起きた。その原因はタイミングかもしれないし、立ち位置かもしれないし、フライかもしれない。いろいろ考えられるが、「手が変わればイワナは釣れる」という故人（阿部武）の言葉があるように、よくあることだと考えていた。

しかし今年（2015）の春、ここは……と思って10投以上も流した好ポイントで、後から流した富田さんに9寸ヤマメが出た。その時、これは確実にフライが原因だと確信。そのフライが、べんじょ☆アブ（命名は僕）だった（本人はハチフライですと否定していたが……笑）。

絞られた流れが広がるポイントを釣る富田さん。このような流れを釣るためには、やはりロングティペット・リーダーが必要だと思う。富田さんのも20フィートを超えていた

実はこのフライ、なんとなく釣れそうに思えるシルエットと、虫っぽさゆえに、数年前から気になっていた。ただピーパラの効果との違いに疑問を抱いていたのだが、今年の春で明確に違うと確信するに至った。富田さんと飲みながら、このフライが完成に至るまでの話を何度も聞いたのだが、ピーパラで出なかった時の奥の手というのが、最終型の発想を生んだらしかった。

そのためボディーはピーコックではなくフォーム材で作られており、ソラックスはシールズファー。どちらもブラックである。ボディーはしっかりとしたボリュームを持ちつつ、引っ張って絞って巻くため水になじみやすい。シールズファーの太く光るハミ毛は、虫の足に見える。

そしてメインのウイング材はコックネックのダーク系で、多少の色違いは問題ないらしい。ハックルは自然になじむ色のスペックルドバジャーやミディアムダンで差は出ないらしい。ポストはCDCダン系のナチュラルにエアロドライウィ

ング・オレンジを挟んだ形で取り付けていることが多いようだ。ここは視認性に関係する部分だが、ＣＤＣにすることで魚から見た違和感と、釣り人側からの見やすさ、さらに耐久性まで考えられていて感心させられた。それで九州から帰ってから、べんじょ☆アブとピーパラを融合させたマークⅡを巻きだしたわけだが、これが多くの場面で効果抜群だったのである。

べんじょ☆アブ。ボディーはフォーム材で、ソラックスはシールズファー・ブラック。スペントのウイングにはインディアン・コックネックを使っていて、ハックルはスペックルド・バジャー。ポストはCDC

マークⅡのボディーはピーコックハール。ソラックスはラビットファー・ブラック。ウイングはインディアン・ヘンネックで、ハックルはミディアムダン。ポストはCDC

ライズを繰り返していた魚のストマックを確認。やはり黒っぽいボディーに羽があるというのが、捕食を誘うカギのような気がする

簡単そうに見えるのだが……

東北がシーズンインしてからもこのフライで釣れまくったため、ほとんどの巡回河川で使った。8月後半には効果が薄れたが、場合によっては、ヤマメたちが見飽きてしまったのかもしれない……?

それを引きずったまま9月に入り、富田さんの東北遠征となった。

その前の週から地元は増水続きで、大型フライで圧倒的な反応を得ていた。そこからほぼ平水に戻ろうとしていたころ、また雨が降った日に富田さんが秋田空港に降り立った。さて、川のぐあいでも見ながら北上の宿まで行きますか?と、秋田道を南回りに岩手側に移動した。秋田側は大した雨でもなかったが、岩手県境を越えると本降りになってしまった。多少の増水くらいで釣りに影響はない状況だったが、着替えるのが面倒なくらいの雨で、時刻は16時くらいになっていた。

「どうします?」
「早めに飲みに行きますか?」
「そうしましょう!」

たちどころに予定は修正されてしまった。北上のビジネスホテルに早めのチェックイン。17時半には宿を出て、北上の街に繰り出した。ここには僕の行きつけで、極上のカツオを出してくれる店がある。朝のうちに予約していて、朝上がりのカツオを仕入れてくれているはずである。ここのカツオは本当に裏切らない。予約なしでもほぼ間違いないのだが、もう僕がカツオ目当てなのは知っている店主である。今回も国内トップクラス(?)といいたくなるプレミアムなカツオをいただいて、辛口の日本酒に酔いしれた。ついでにカラオケスナックにまで流れて、2時間ほど歌いまくり、初日は飲み疲れての終了となった。

さて、2日目からはいよいよ本番の釣りである。すでに目星をつけているのは数河川に絞られていたので、宿は秋田県大館市に2泊押さえてある。ここでの目当ては比内地鶏と日本海からの魚……いや、尺ヤマメがあふれている河川を釣り倒すのが目的であった。

しかし天気予報が不安定で本命の河川に行く踏ん切りがつかず、二番手の川に集中することにした。雨によって水位が高い状態で安定していて、大きい川を渡るのは難しい。そして雨の予報が50%だったため、安全を優先させた。もちろん二番手とはいえ、この川も尺ヤマメは多数確認できているので期待は大きい。

少し移動距離があったので、10時くらいから釣りをスタートしたが、いきなりイワナのライズがあって、何らかの流下があるようだ。ストマックを確認するとフライングアントなどがあって、尺ヤマメもどこかで上ずっているはずと期待しながら釣り上がった。

そして、なんてこともない深瀬が続くポイントでのこと。富田さんは、右岸寄りの流心を丁寧に釣り上がっていった。怪しげな石が3個ほど、約20mのランに沈んでいて、どこかから反応がありそう

本流域で浮いたヤマメを発見するのは難しい。このように魚が見えたのは、季節と水況、タイミングなど好条件がそろったのだろう

だなと思いながら眺めていた。

2個目の石の所でライズがあった。デカイ！　しかし、何回流しても出ないのである。フライを替えたかどうかは忘れてしまったが、少し岸寄りに外れたフライに追い食いして出てしまった。鼻曲がりの大きな顔が横からベロンと反転したのは目に焼きついた。ハリには当たっていなかったが、その後粘っても反応してくれなかった。

昼食をとってから、気を取り直して続きを釣ることにした。最初の大場所は、前週に優に尺を超えるヤマメを見ていたポイントだ。その時は不用意に近づきすぎて逃げられてしまったが、今回は慎重に僕だけ回り込んでヤマメを確認してみた。すると案の定、同じ場所で浮いてライズを繰り返していた。下流からはまったく見えないのが不思議だったが、巻き返しの渦ができ、そこで静かに食っているので、真横からでないと確認するのは難しかったようだ。

富田さんを呼んで上流に回り込んでも

らい、華奢なパターンでねらってもらうようにした。そして、僕が指示したタイミングの1投目で、その魚はあっさり食ってくれた。これは簡単なようで簡単ではない。ちと大げさな例えを出すと、サッカーでC・ロナウドが当たり前のように得点するのに似ている。サッカーについて詳しくない人が見ると簡単なことに思えるが、実際はそうではない。もちろん世界的なスーパースターと比較するのはどうかと思うが、それでもこのような場面でチャンスをものにする腕を富田さんが持っているのは間違いない。

32㎝オス、体高があり、鼻曲がりの素晴らしい魚体で重量感もたっぷりだった。ガッチリと握手を交わして、今回も尺ヤマメが出たことを喜んだ。

その日の夜は比内地鶏にボルドーワイン、そして結局カラオケへ。次の日は雨にたたられ、しょぼい川でお茶を濁すことになった。だが夜はノドグロとカツオたたきに日本酒、そしてまたもカラオケ。

最終日はようやく雨もあがり本命河川に行けるかと思ったが、予報は微妙。結局、初日に入った川の上流部に行ってみることにした。これがまた当たりとなり、プールでのサイトフィッシングを楽しむことができた。再び尺が出るかと思ったが、数ミリ足りないオスヤマメを富田さんがキャッチして、最高の釣りになった。

カツオとヤマメの旬を追う

僕は無類のカツオ好きである。ヤマメ釣りはもちろんなのだが、夜にカツオを食べるのが本当に楽しみなのだ。……そんなことは釣りと何の関連性もないように感じるかもしれないが、カツオとヤマメの旬はほぼ同時に移動する。

まず2月末に、鹿児島産のカツオが出回る。このころはおそらく、鹿児島の小河川でライズがボコボコ（ただし禁漁期）なのだろう。そして3月中旬から4月くらいには、高知にカツオの群れが移動してくる。この時期には、ヤマメ釣りでも四国や中国地方がピークを迎える。そしてGW前後には千葉にカツオは上がってきていて、ヤマメも鬼怒川、渡良瀬川、利根川などで尺超えがよく釣れるようになる。

6月前くらいから9月中旬までは、宮城、岩手など東北がカツオの漁場となる。そしてやはり、東北のヤマメ釣りはこのころが盛期。つまり旨いカツオが食べられる所でヤマメをねらっていれば、いい釣りができるというわけだ。これこそ一石二鳥。皆さんも、そのような視点で釣りを考えてみる……わけはないか……。

北上市の居酒屋『豊八』でいただいたカツオ。毎日のように素晴らしいカツオが仕入れられている。皮付きの極上部位は、一度食べるとやみつきになる

友の案内で東北を釣る

文・富田晃弘

本流でのサイトフィッシングという、新たな体験もできた。
東北の魅力を再確認できて、印象的な旅になった

台風接近に一抹の不安が

早割航空券を予約するなら、2ヵ月前には釣り旅のプランを練る必要がある。毎年県外または海外のどこかに行くことは決めているのだが、

今年は初めて秋の東北に行くことにした。今まで聞いていた実績、仕事の都合、曜日などを考え、9月7〜11日の5日間に決定。といっても毎回、初日と最終日は半日ほどしか釣りはできない。つまり勝負は3日間だ。

航空券を予約し、まず渋谷さんに電話。予想される釣りの状況、ハッチ&フライパターンなどを聞きながら妄想は膨らんだ。カラッと晴れた秋空に、ピリッと肌寒い空気が流れ、プールでクルージングライズする尺ヤマメ。昔、秋に行ったキャッツキルの川のような光景を思い浮かべていた。

渋谷さんに聞いたフライパターン、クイルボディー・パラシュートを10本ほど巻いて準備は完了した。今年は台風の当たり年なのか、ダブル台風が連日ニュースに取り上げられていた。9月1日に太平洋でハリケーンが発生。当初は日本には全然関係ないように思われていたが、日付変更線を越え台風17号になった。まだまだ遠い太平洋ではあるが、ゆっくりしたスピードで進んでいた。

そして9月7日午前3時、旅の前日に日本の南海上、北緯20度線付近で台風18号が発生。想定外だったが、そこは台風に慣れた九州人。発生したばかりの台風がすぐに上がってくることも少ないだろうと予測した。ましてや東北地方での影響なんて、たかが知れているだろうとなめていたのである。

ところが当日午前中まで晴れていた空は午後に入って曇り出し、秋田空港に降り立ったころには暗雲が立ち込めていた。ホテルに着く前に少し釣りでもと思っていたが、川に着いた時には雨が降りだしていた。いつもながら危うい釣り旅の始まりだった。

渋谷さんが、スマートフォンで天気予報を見ながら言う。

「2日目（8日）だけ天気が持ちそう」

どんな川に行くかも分らないが、与えられた状況で全力を尽くすしかない。天気は

東北に来て、今回もなんとか尺ヤマメを釣ることができた。オスの32cmは、渋谷さんに見つけてもらって掛けることができた

曇りで気温は朝から16℃くらい。日中は23℃まで上がり、シャツ1枚でもすごしやすかった。カラッと晴れた秋空とはいかないが、案内された川は、まさに想像していたようなキャッツキルの川に似ていた。

目的を達成しほっと一息

最初のポイントだった岸際のプール尻で、散発的に起こるライズが見られた。巻いてきたクイルボディー・パラシュート#15を流すと、8寸ほどのイワナが釣れた。イワナでもヤマメでも、その川の初ものがその日最初のポイントで釣れるのはうれしい。この川を一発で好きになった。

　そこからしばらく釣り上がると、再びライズを発見。しかし、後は続かない単発ライズだ。少し大きめの石が沈んでいるポイントで、おそらくその石に付いているだろうと思われた。クイルボディー・パラシュート#11を結び5、6投したが、反応はなかった。そして、沈み石の向こう側も流してみようとした1投目にざばっと出たヤマメは、明らかな尺サイズ。しかし数投後のバイトだったため注意力が散漫だったのだろう、案の定すっぽ抜け……。

　それから釣り上がりで9寸ヤマメを釣り、昼飯を食べた後、渋谷さんが先日見つけていたという尺ヤマメのライズポイントに向かった。そこは上流に瀬があり、深いプールに流れ込んだ巻き返しだった。その巻き返しの筋が流れ込みにぶつかる所に、大きなヤマメが浮いてライズしていた。

　ヤマメは巻き返しから流れてくるエサを待っているらしく、下流側を向いていた。そこで川岸を上流側に回り込み、ヤマメの斜め後ろからキャストした。そしてうまいことに、クイルボディー・パラシュート#11は1投目で、ヤマメの前方の筋に落ちて口もとまで流れてくれた。

　体高があり、鼻曲りの素晴らしい32㎝オスヤマメ。いやはや、翌日から天気が崩れる予報だったことを考えると、ここでよいヤマメが釣れたのでほっとした。最大の目的である尺ヤマメを釣ったのはなによりだが、渋谷さんを安心させ、見えないプレッシャーから解放されたのもよかった。渋谷さんとは毎年一緒に釣りをしていて、お互いの釣りや好みを知っている間柄。地元に来たら案内するし、よいヤマメを釣ってもらいたいという思いは一緒のはず。

アントの浮き方をちょいと調整

9月10日、旅の4日目にホテルで朝食を食べていると、母から電話が入った。

「あんた大丈夫?」

なんと6日に発生したばかりの台風18号が、10日には中部地方に上陸していたのだ。そしてはるか遠くにあったはずの17号が、福島沖に近づいていた。9日夜から10日にかけての雨で、関東では甚大な被害が出た。鬼怒川の氾濫ニュースを見た方は多いだろう。だが私が滞在していた地域は大した影響もなく、連日釣りができていた。

釣り3日目の今日も、雨は降らない予報。気温も高めで朝から19℃ほどあり、日中は25℃くらいまで上がった。曇りだったが、時おり晴れ間も見えた。

釣りをスタートすると、大きなプールで浮いているヤマメを発見。そのプールは深く、ヤマメが浮いている場所は流れ込みから距離があった。そのため流れの筋はぼやけていて、ほとんど分からないようなポイントだった。そのヤマメは上下にクルージングしながら、見えないような小さなものを水面で捕食していた。

最初はクイルボディー・パラシュート#15を投げたが食わない。ユスリカ・アダルト#20も無視され、ピューパも食わなかった。上から見ている渋谷さんに「フライは何がいい?」と聞くと、ぶら下がりのアントを手渡してくれた。しかし数投するも、見に来るだけで食わない。

フライを替えようかと思い始めた時、渋谷さんが「これは絶対食う」と確信したように言う。

「少し浮き方調整しますね〜」と言って、ウイングにのみドライシェイクスプレーをかけ、ボディーを口に含んで濡らした。その数投後、ヤマメとのタイミングが合った時、今までのライズフォームと変わりなくゆっくり食ってくれた。

パーマークがきれいな幅広の29・7㎝。

「このフライは浮き方が大事なんですよ。サイトフィッシングの場合、ヤマメがフライを見て逃げなくなる状態を作ると、ほとんどの場合はタイミングが合えば食ってくれるはず」と渋谷さん。たしかにこのヤマメはフライを見ても逃げることなく、何度か無視しただけだったから、釣れると確信したのだそうだ。

さすが百戦錬磨の渋谷さん。こういう浮きヤマメを数多く釣ってきた経験を感じさせる出来事だった。ただしそのヤマメを釣ってすぐ、フライは即座に僕のティペットから切られ、渋谷さんのフライパッチに納められた。「えっ。くれないの?」と思ったが、言えなかった……。

最後になってしまったが、この時の関東・東北豪雨で被害に遭われた方々の復興を、心から願っています。

オフに考えるキャスティング
サイドキャスト編

基本となるオーバーヘッドに対して、
サイドキャストはより実戦的なスタイル。
これをマスターすることは尺ヤマメへの近道でもある。

川でのプレゼンテーションでは、
サイドキャストは不可欠なテクニックである

縦方向のねじれは自分でチェック

渓流シーズンオフの今、それでも来春に向けて、何かステップアップしておきたい。そう思うのなら、暇があったらキャスティングを見直すのが賢明だろう。

フライを巻き溜めたところで、実際に川に立つと微調整したくなる。道具などはお金を出せば買えるのだから、自分のレベルおよび財布と相談して選べばよい。それに対してキャスティングは、ある程度のレベルから上達するには、はてしないと思えるほど試行錯誤と挑戦と失敗がある。それを乗り越えない限りは、そこそこの釣果に留まることになると思う。結局は「運」頼りになってしまうのだ。もちろん、ねらって尺ヤマメをコンスタントに釣ることは不可能になる。

場数が結果を左右するフラット水面のサイトフィッシングなど、特化したライズフィッシングの分野を除けば、キャスティング能力の向上は釣りの可能性を増やす最大の武器になる。これに関しては地道に鍛錬を積み重ねる必要があるのだ。

キャスティング練習は芝生の上でだけできるものではないし、釣れる場所だと意識が「釣りたい！」という方向に逸れてややこしい。流れはあるが魚はいないような場所で、しかもポイントをちゃんと想定しつつ、さまざまな角度からプレゼンテーションを繰り返すのがベストだ。

渓流でのキャスティングは、よいループで投げるのが最終目的ではない。思った形でティペットを置きつつ、フライをピンポイントに運ぶことこそが、その真髄である。フライラインが伸びきった先に、どれくらいのパワーを伝達することができるかが問題なわけで、見た目で鋭角なループができているのとは異なる。

この見た目というのは特に横から見たループのことで、これだけでは縦軸方向のねじれは見えにくい。この部分はかなり重要で、矯正も難しいところだ。

僕の場合、スクールや個人レッスンなど、他人のキャスティングを見るケースがある。その時は真後ろと真正面から眺めることが多く、それによってまずは面を確認できる。これはすなわち、自分で確認できることに他ならない。ねじれは自分で判断できるのに、それを放置している結果、ループに影響してしまう。

つまりひとりで練習していても、少なくとも縦のねじれの有無は判断できるはず。それを解決するだけでも、着実にステップアップできるのである。

ワイドになりやすいサイドキャストのループ

今回は、サイドキャストに的を絞って考えたい。サイドキャストは、実際の釣りにおいても多用する。渓流というフィールドでは、避けては通れないテクニックだろう。

釣り場では、上に障害物が張り出しているケースは多々ある。また流心が自分のどちら側にあるかを考えてキャスティ

オフショルダーでの、水平近くまでロッドを倒したフォルスキャストの例

肘は高く持ち上げ、水面と平行に近いくらいに腕の角度を調整する

オフショルダーからの水平キャストでは、自分の頭の上で腕を動かす。
いずれにせよ可動範囲は狭く窮屈なので、身体はロッド側に傾ける

フォルスキャストでは水面を叩かないために水平を意識するが、プレゼンテーションでは水面に向ける

ロングティペットを使った場合の、オーバーヘッドのプレゼンテーション。ループの上はポイントに向けてまっすぐになっている。ロッドを倒しているのでワイドなループに見えるが、最終的にはかなりナローなプレゼンテーションになる

バックキャストの最後はストレートリスト。これによりループは高く保持される

フォワードキャストの最後。肘の上下の位置に注目。肘を下げ、ロッドティップを下げることでトラブルを防げる

ングするので、ロッドを左右どちらかに多少なりとも倒してキャストするのが、全体の90％くらいを占めるような気がする。

なかでも難しいのが、水平に近いサイドキャストだ。斜め45度くらいまでは、なんとか腕の角度を保ちながら面を作ることが可能。しかしそこから水平まで倒すと、手首の部分で角度を変換しなければいけない。そのため伝達力が損なわれやすいのだ。

ロングティペットを使う場合、真横のサイドキャストでプレゼンテーションしてドリフトするのが難しいのはそのためだ。どうしても力の伝達が、ねじれにより分散しやすくなる。その結果、ワイドなループになってしまうのだ。

そうなると、アンダーループは広がったままプレゼンテーションされることとなる。緩流帯や巻き返しにラインやリーダーのバット部分がつかまるうえに、フライはラインの先端付近にしか届かない（図1参照）という現象が起こる。

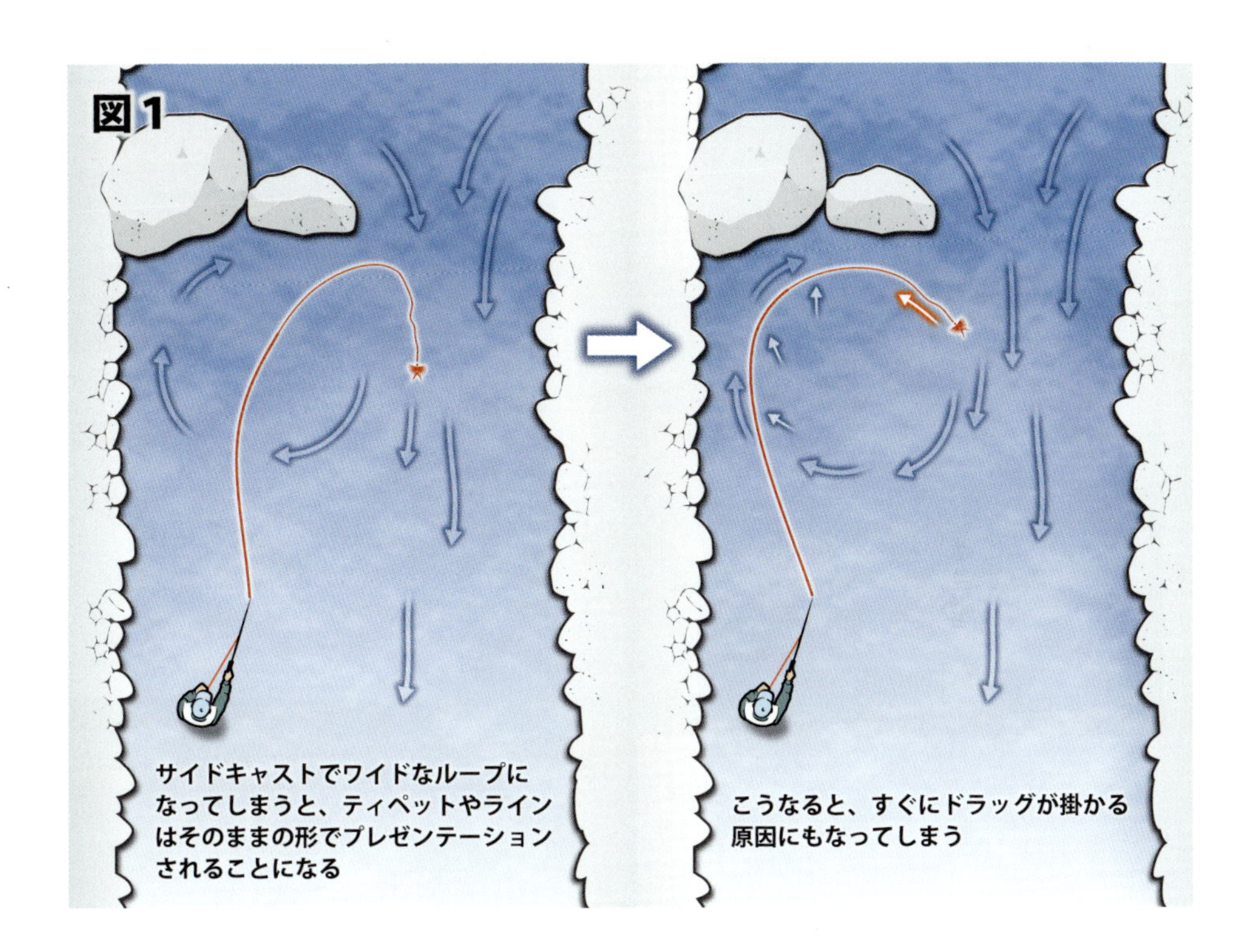

図1
サイドキャストでワイドなループに
なってしまうと、ティペットやライン
はそのままの形でプレゼンテーション
されることになる
こうなると、すぐにドラッグが掛かる
原因にもなってしまう

図2

しなやかなロッドで
手首を振るような
キャストをすると、
このようなループに
なる

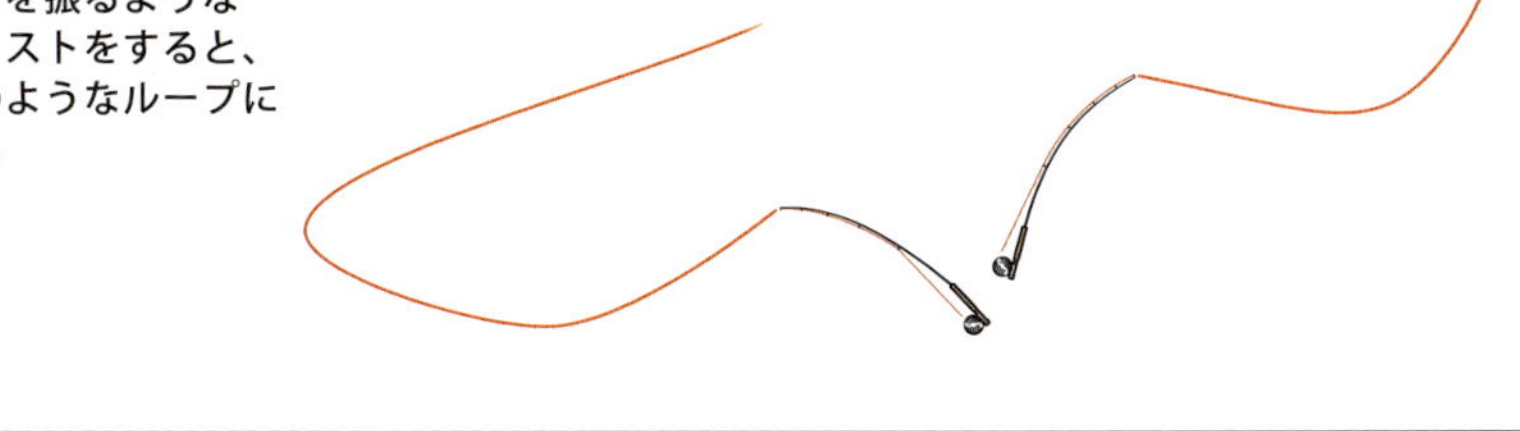

図3

ティップアクション
のロッドでストロー
クを使ったキャスト
をすると、このよう
なループになる

サイドキャストの前腕と手首の角度に注目。ロッドを倒すのが45度くらいまでなら、手首でそれほど角度は変わらない

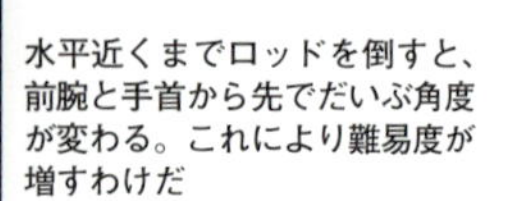

水平近くまでロッドを倒すと、前腕と手首から先でだいぶ角度が変わる。これにより難易度が増すわけだ

オフショルダーでも同様。ただしこちらは肘を高く上げられるので、比較的角度は変わらない

これでは、尺ヤマメを釣るのは難しい。なんとしてでも矯正しなければいけない難所である。

もちろんこれは、ロングティペットの釣りの話。ショートティペットで釣りをしている方には、分かりにくいかもしれない。だが、本質的には同じことが起こり得るので、やはり解決して損はない問題だといえる。

このメカニズムとしてなぜ難しいのかといえば、先に説明したとおり、肘と手首から先で角度に差が生じるからだ。それによって、ロングティペットの場合有効な手首を使うキャスト（図2参照）が破綻してしまう。

きちんと面を作りつつ ストロークを取入れる

ストロークを使うキャストで、硬めのロッドを使った場合、美しいループを作ることができる（図3参照）。だが長いティペットを使う場合は、先端のフライ

サイドキャストを上から見たところ。オーバーヘッドのキャストとほぼ同じようなループになっているのが分かる

前に飛ぶと、ループはナローになっていく。最終的にV字に落とすためには、大切な部分

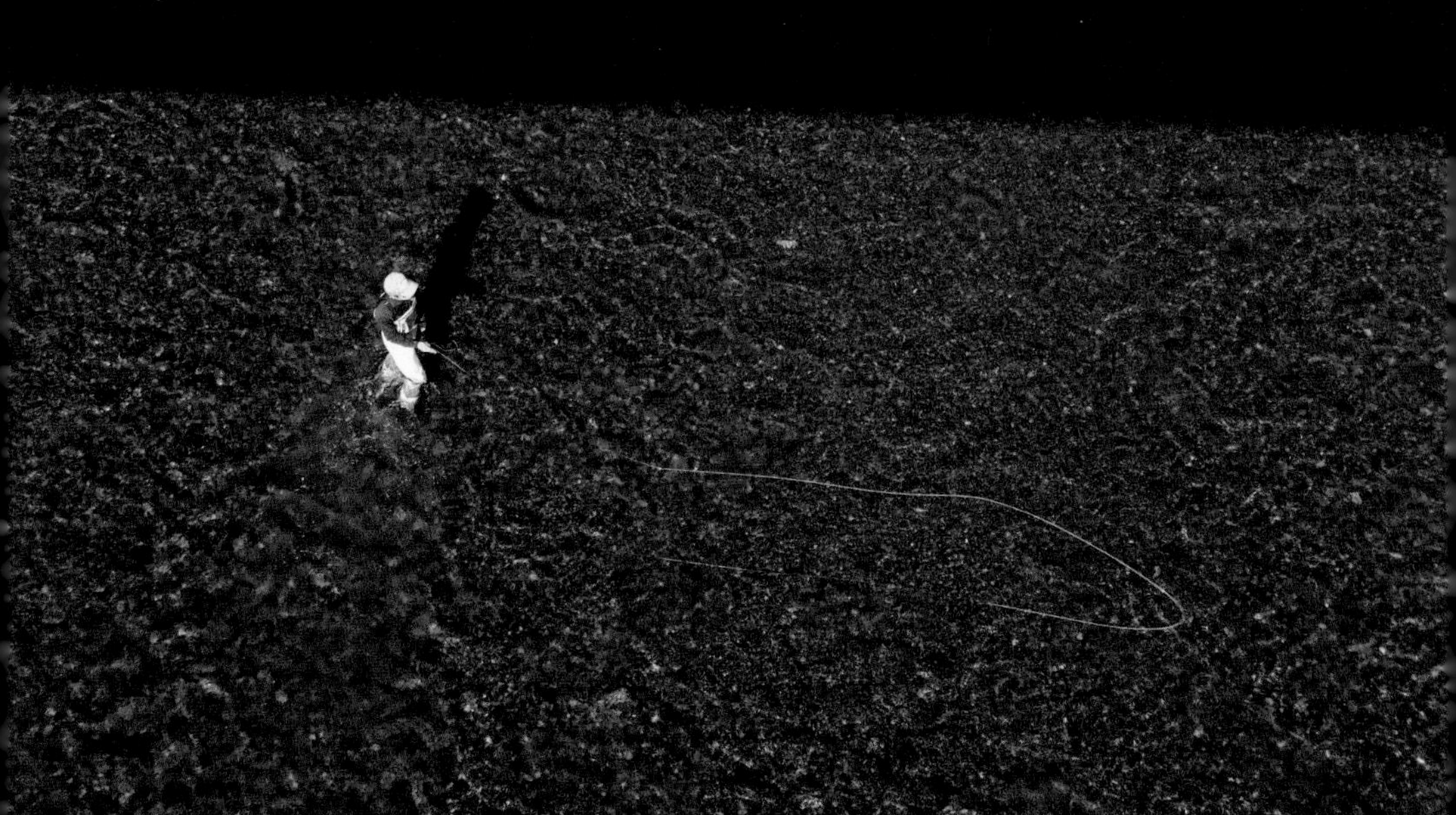

まで力を伝達するとなると、図2のようなループのキャストが望ましいと思う。

結論を先にいえば、両方のよいところを融合させない限り、長いティペットを使って水平に近いキャストをするのは難しい。手首をしっかり利用しつつ、面をブレさせないためのストロークが必要になる。

これは頭で分かっていても、なかなか習得できないのが現実。ただ僕の経験からいえば、高番手でフルラインのキャストをクリアした後で、ロングティペットのキャストを覚えるというのが近道かもしれない。またはシューティングヘッドのようなシステムで、ロッドティップの下にループを作るイメージも、役に立つかもしれない。ロングティペットの釣り以前に、こういったことを経験していないと、理解するのは難しい。

サイドキャストで、しっかりと力が伝わるループを繰り出すには、回転運動プラス平行移動が不可欠になる。

この回転運動が、手首と肩を使った運動であるのは、普通のオーバーヘッドと一緒。そのうえで面がブレないように肘の押し引きの移動ができないと、上手くキャストすることは不可能だ。身体が回ってしまうとコントロール性も伝達力も失われるので、ロングティペットのプレゼンテーションは完全に崩壊してしまう。

なにやら難しいことを説明しているように感じるかもしれないが、ロッドティップの軌跡は、オーバーヘッド・キャスト時と同じようにするのが当然ながら理想。それが人体の構造上、身体の動きに制約があるので、サイドの場合は意識する部分を変えなければならないということだ。

ロッドの曲がりを考慮して……

つまりサイドキャストでも、オーバーヘッドと同じく船形からナローに展開する鋭いループが必要とされる。オーバーヘッドで投げた場合、ワイドループであってもV字型にプレゼンテーションすることは可能（図4参照）。だがサイドの場合は、ループの形そのものがプレゼンテーションに反映されてしまう。

このことを理解すると、ロングティペットのキャストの真髄はナローループを力強く作ることだと分かるはず。それに適したロッドがしなやかなベンディングを描くために、船形ループに見えるということである。

これは以前から説明しているとおり、ロッドが大きく曲がることでラインからフライまでたるみを作らず、引っ張り続けることができる。これにより、長いリーダー・ティペットのシステムでも問題を起こさず操作することができるわけだ。つまりその道具を使ったうえで、ナローループにする必要がある。ロッドティップの跳ね返りによって、ループが押し広げられる部分（図5参照）も含め、トータルでキャスティングを考える必要があるのだ。

これは高番手でフルラインを投げるよ

身体を中心とした円運動になりやすく、
ループに力が伝達しにくい

そこで重要なのが、肘の前後の押し引きの動作

プレゼンテーションでは、ループを前に下げる

フォアハンドのキャスティングでは、肘を入れられる角度
が限定されるので、手首を開かなくてはならない

そのため、オフショルダーよりも難易度が高くなる

り、難しいテクニックかもしれない。目の前5～6mから20mほど先まで、意図したようにティペットとフライの位置を調整して、6m以上もあるリーダーシステムを操るのだから……。やはり簡単なことではないのだ。

図4

横から見たところ

上から見たところ

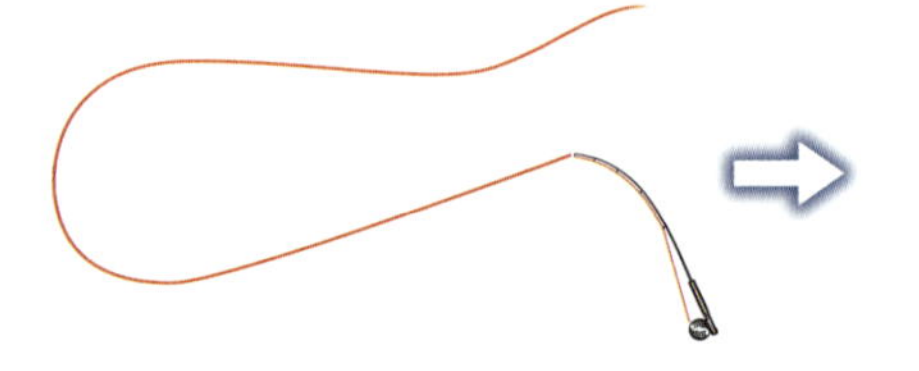

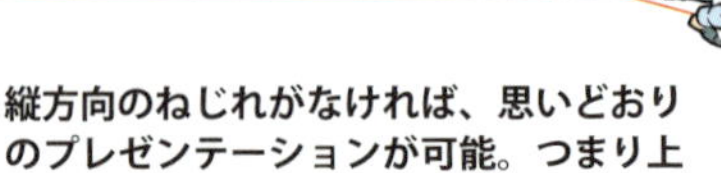

イマイチのループに見えても……

縦方向のねじれがなければ、思いどおりのプレゼンテーションが可能。つまり上から見た時のループ形状がプレゼンテーションに影響するので、仮にワイドループであってもV字にティペットを置くことは可能になる

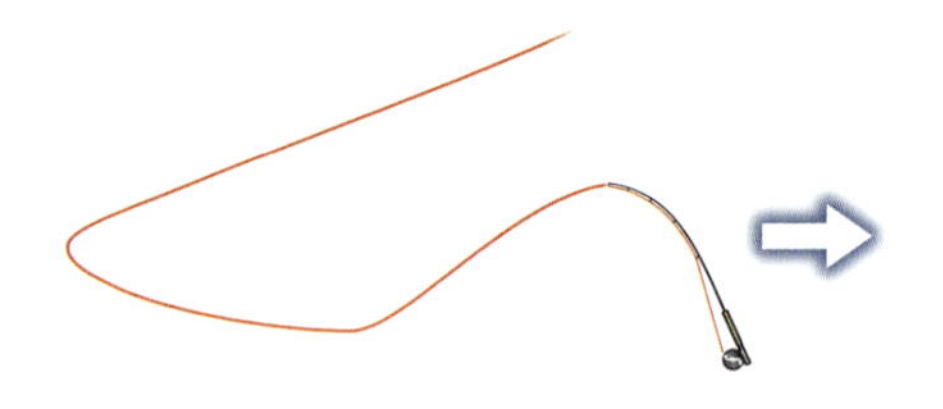

きれいなループでも……

上から見た時にねじれがあると、トラブルになりやすい。これは投げている本人の視点からも確認しやすいので、できるだけ修正するべき

図5

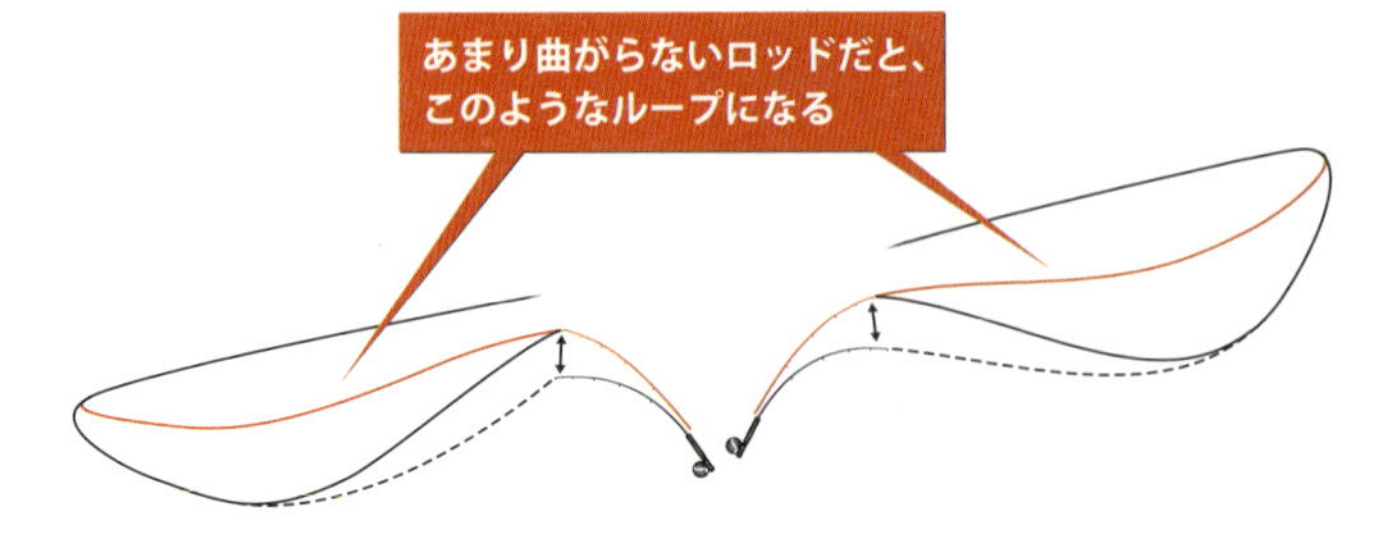
あまり曲がらないロッドだと、
このようなループになる

軟らかいロッドは、ナローループを目指して振っても、ロッドの曲がりによって船形ループになる。ナローループを作るためには、少なからずストロークが必要になる。つまり手首だけでなく、腕を使ってしっかりキャストしなければならない

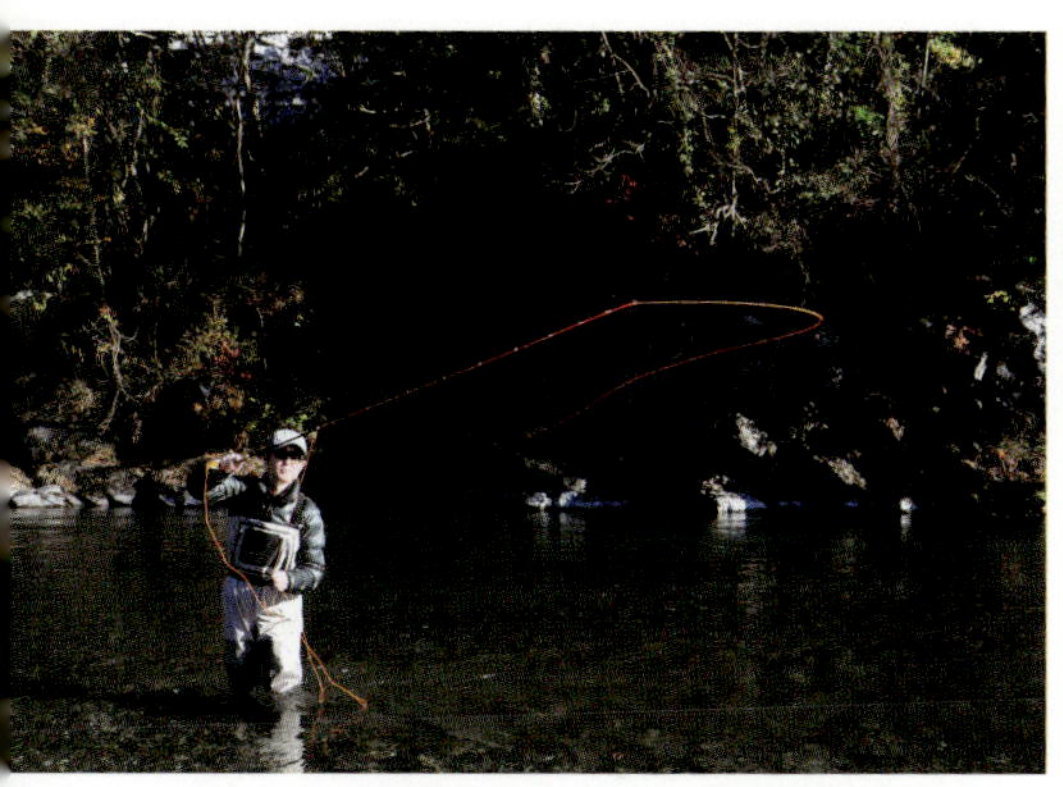

首の下あたりで振る人がいるが、それだとさらに
可動範囲が狭くなってしまうので避けること

その点を注意すれば、オフショルダーのほうが、
比較的上手くキャストしやすいだろう

これも最後は水面に向けてキャスト

オフショルダーのキャスト。フォアハンドに比べると、
水平近くに腕の角度を調整しやすい

肘の押し引きが重要だが、自分の身体が邪魔になるので、
狭い範囲で行なわなくてはならない

図6

水平に近いサイドキャストでは、肘を前後に動かすストロークが不可欠。上から見た場合、中心付近では自分に近づけて、前や後ろでは離すようなイメージが大切

このことが、ロングティペットの釣りの難しさそのものだ。そのせいで挫折する人は、少なくないと思う。結局のところ、楽に釣果が上がる方法なんてないのだ……。

尺に近づくための実戦的キャスティング

さて、サイドキャストに話を戻そう。ラインの軌道は水平に近くなり、ロッドもそのように動かすのだが、最終的には水面に向かってプレゼンテーションをしなければならない。つまり、若干前下がりのループが形成されることになる。

このことはイメージできると思うが、ラインの先端がたどる軌跡には、重力も関係する。つまりフォワードでは先端を下げるため、そこからバックに移行する際は、ラインの先端はループの下側を通りつつも若干上向きの軌道になる。その際に持ち上げられたラインを、フォワードキャストではほぼ水平（水面に向かわ

普通のオーバーハンド・キャストに見えるが、オフショルダーのキャストを上から見たところ。これもやはり、最後はループがナローになる

せるため若干下向き）に繰り出すため、今度はループの上をラインの先端が通っていく。

したがって、バックは下、フォワードは上をラインティップ（リーダーシステム）が動くイメージを忘れないでほしい。これが逆になってしまうと、ロッドは面を作ることなくカーブを描いて動くことになり、最終的にはティペット部分のナロールーブは作れない。

実際の釣り場では、どのような立ち位置、角度でキャストができるかは自然しだい。それに合わせて、ロッドを振らなければならないのだ。サイドキャストを身につけることにより、開拓できるポイントは無限に広がるはずである。

低く速く、鋭角なループは風に対しても有効。障害物を回避できて、思いどおりにプレゼンテーションできるのが理想である。それにより、すべてのフライフィッシャーの目的である、魚を釣ることにつながるのではなかろうか。

新たな流下物で
チャンスは広がるか？

川は発見の宝庫だ。それは時に今まで見たこともない
虫の流下との遭遇であったりする。
尺ヤマメの森羅万象は尽きることがない。

種名が分からないこのイモムシは、
体長 12mm ほど。赤く、毛はほと
んどないように見える。水生なのか
陸生なのかも判断しかねる

赤いイモムシが流下していたタイミングで、スパイダーパターンで釣った尺ヤマメ

赤いイモムシが尺ヤマメを誘う

どれほど川に通っていても、毎年新たな虫の流下に驚かされる。「真夏の状況認識とフライ選択」の回で紹介したが、初夏に目撃したアブの一種もその1つ。そしてお盆前後には、今まで気にも留めなかったイモムシの大量流下があった。しかもその際にはライズもあり、尺

この魚を釣った日、10尾以上の尺絡みのヤマメで、ストマックから赤いイモムシが出てきた。流下が広範囲で起こっていたことがうかがえる

ヤマメを上ずらせたのである。

　そのイモムシは、ワカサギ釣りなどに使うベニサシのようなラーバ系の虫で、正体はよく分からない。頭付近に短い脚があり、お尻には吸盤のような2本の脚があるように見える。写真家の刈田敏さんに画像を見ていただくと、「ボクトウガの幼虫のようだが、詳しい種名は標本を見ないと分からない」ということだった。

　これは新たなパターンの発見かも？

一瞬そう思ったが、同時期に数百キロ離れた川で釣ったヤマメのストマックにも1匹入っていたので、珍しい種類ではないかもしれない。今までヤマメのお腹に、これほど多く入っていた経験がなかったので、注意を払わなかったというだけだろう。

　面白いことに、この虫が来ると魚はライズをするのだが、それとマッチしていないフライに対しても出る。お盆前後で暑く、しかもエサの少ない時期に、この虫の大量流下があると活性が上がるのだろう。釣り人も少ない時期でもあるため、スレることもないようだ。単純に活性が上がり、フラットでもライズが起こり、どのフライにもすぐに反応してくる感じだった。

　しかし、ヤマメはヤマメ。一度しくじるとそのフライには反応がなくなり、フライ交換を余儀なくされる。最終的に食ってくれるのはぶら下がりのアントパターンだった。水面に対する浮き方のバランスが、最も本物に近かったのかもしれない。あくまでも推察の域を出ないのだが……。

　このイモムシは水面を流れている姿はまったく見えないし、足もとで見ることもない。それでもライズが誘発され、釣れたヤマメのストマックをチェックすると、この虫のみ出てくる。つまりライズの要因は、この虫以外は考えにくい。見えなくてライズがあり、内容はイモムシということは、水面直下に絡んで流下していたとしか思えないのだが、はたして

7月中旬の猛暑日に、流下して食われていた正体不明のアブ類

木などから落ちたのか、アリの大量流下があった。風が強い時、夏から秋にかけてよく流下する。このクモも、おそらく同じように落ちたのだろう

こちらは羽アリ。腹部のない個体も見えるが、空中でトンボなどに食われたのだろうか。そういったアリを偏食しているケースもある

羽アリの流下に合わせてライズを繰り返していた尺ヤマメ。フライはもちろんフライングアント

それは陸生の昆虫のラーバなのか？　水生昆虫のラーバなのか？　早く詳しい種名を知りたいが、それが流れればライズして、そのフライでなくても釣れるというのは間違いない。つまり今回の発見（？）で、釣りにおいて引き出しが1つ増えたわけである。

人知れず流れるさまざまな虫たち

このイモムシパターンをどう考えるべきかは、迷うところである。この流下が起きた時期は降雨が多く、かなり水位の増減があった。それによって流された水際に棲む昆虫なのか、あるいはこの年だけ大量発生して木からポロポロ落ちた虫なのか……。こういったことが分からないと、今後の予測もできない。重要な虫であり続けるのかどうか、慎重に見極める必要があるだろう。

7月中旬の猛暑渇水時に遭遇した、謎のアブ類の流下も同じような例だった。

パターンとして成立する虫なのか、なんとなく用意しておけばいいのか、微妙なケースである。

なぜ、僕がこの違いに悩んでいるのかといえば、尺ヤマメをねらって、日中にドライフライで釣ることを念頭においているからに他ならない。尺ヤマメは偶然釣れてももちろんうれしいものだが、ねらって釣るとなると、フライの選択に気を遣わなければならない。定期的に起こる流下であれば、羽アリと同じくらい重要な、夏のパターンにもなり得る。決まった条件で流下が発生するなら、尺ヤマメをキャッチする確率を上げてくれるだろう。

夏は大きく育つヤマメが増えて、なおかつきれいな状態で手にできる時期である。このタイミングで流下する虫のことは、気になって仕方がない。東北の8月上旬はアブの大量発生も重なり、しかも暑い。おまけに渇水も多い状況である。尺ヤマメの個体数は増えてくるが、反応はよくないケースが多い。魚の存在をまるで感じない日も、この時期にはよくある。そのなかでこのイモムシの流下はライズを誘発し、多くの良型が水面に顔を出した。毎日すべてのポイントを確認できるはずもないので、同じようなチャンスがどこかで数日くらいはあったかもしれない。そう考えると、このちっぽけなイモムシに注目せざるを得ないのである。

昼食のために川を離れないように

このような流下は、マイマイガの大量発生のように数年に1回起こるだけかもしれないし、毎年あったのかもしれない。この章を読んだ方がストマックの確認の際にちょっと注意して、『FlyFisher』編集部にでも情報を送ることができれば、全国的な流れをつかめる。それによって、新たに真夏の釣りの可能性が見えてくるのである。

春のユスリカに始まり、ガガンボ、コカゲロウ、ヒラタカゲロウ、さらにはマダラカゲロウ類が順番にハッチし、隙間はカディスが埋める……そのようなパターンが、真夏にも確立できるなら、夢のある話だと思う。

ちなみにこのイモムシは、正午前後だけに流下していたと思えるフシがある。午前中にほとんど反応がなくても、午後に入ってすぐライズを発見して釣れて、お腹からはあのイモムシが出てくるのである。これがだいたい3時には終息して、その後の反応は悪くなってしまう。これは春にオオクママダラがお昼前後に30分だけ集中ハッチして、その時のみライズの嵐になり、それ以外は魚の気配すら感じないのと似ている。

前から思っていたことだが、日中に大ものを釣りたいと思うなら、正午前後は絶対に川から離れないことが重要である。調理に時間のかかる手打ちそばをする……などはもってのほか。昼食は河原に持参することが、チャンスを逃さないコツである。

「春なら分かるけど、夏も?」

このエゾゼミくらいのサイズになると、さすがに普通
サイズのヤマメやイワナは捕食しにくいだろう

ミヤマクワガタ。この手の虫の流下があると、
陸生昆虫のシーズン終盤を思わせる

そう思う方も多いだろうが、太陽が真上に上がる時間は、不思議と流下が起こるケースが少なくない。むしろ近年は、そのような状況が多いと思える。僕が感じていなかっただけで、昔からそうだったのかもしれない。

尺に近づく努力と運

尺ヤマメを釣るにはまず、それ以下のサイズは楽に釣れる状態になる必要があると思う。確率論的な話になるが、僕自身尺上ヤマメが3尾フライに出たら、1尾釣れるかどうかという程度だろう。キャスティングやドリフトの技術が向上すると、ねらいにくいポイントも探れる。そのため、きわどいポイントで良型がフライへ出ることも増えるわけで、それをフッキングするのは難しいのである。

尺上が単純な流れで一般的なフライに出てくれるなら、釣ることは容易だろう。複雑な流れで決まったパターンにしか出ない状況になると、フッキング率は確実に下がる。野球に例えると、真ん中のストレートはヒットにできるが、変化球や剛速球に反応できないようなものである。イチロー選手の全盛期なら、どんな球でもヒットにしていたように思うが、それでも4割程度が最大値だ。尺ヤマメ釣りも、それに近いと思う。1回ヒットを打つのが可能でも、100打席でどれくらいの打率になるのか？　そもそも尺ヤマメとの出会いを100回も作れるのか？　そういったことも問題になる。

釣り場の選択や、魚の存在の確認、水面のフライに反応する可能性……。それらを含めて釣りを組み立てる必要がある。そして前章で解説したようにキャスティングも、どのようにプレゼンテーションしたいかが重要になる。そもそもキャスティングというのは、魚を釣るために行なうのが本来の姿だと思う。よく釣る人というのは、キャスティングが上手く見えなくても、確実にレベルは高い。その釣りに特化したキャストに変形させているケースもあるが、実践的で理にかなっているため釣果につながるのである。

そして尺ヤマメを釣るのに必要な要素として、メンタルの部分も大きい。まずは、自分の釣りの可能性や特色を理解すること。失敗も1つの経験ととらえ、ステップアップにつなげられれば理想的だ。不運を嘆きたくなる経験は、釣りをしていれば絶えることがない。チャンスは1回きりであることが多いのだ。

こういった時に悔やまない釣り人は、その後の伸びしろは少ないと思う。失敗を悔やんで自分の釣りを分析しつつ、その時に自分がすべきだったことを考えるのが大切だ。そのような試行錯誤をできる釣り人は、結果としてよく釣ることになる。

運のような、腕のような、気の持ちようのような、複雑な部分が釣果に関係するからこそ、この釣りは面白い。たとえば得意の角度でキャストでき、障害物も何もなく、しかも届く範囲で大ものがライズしていたとする。これをものにできるかどうかは、初心者でも名手でも大きな差はなく、メンタルが関係する部分が大きい。サッカーのPKのようなものである。世界屈指のストライカーでも外す時は外すし、無名の高校生でも簡単に決めるものだ。

もちろんそれは、確実にボールをゴールに蹴ることができたうえでの話だ。そして最終的にゴールネットを揺らせるかどうかは、運も大きく関わってくる。つまり結局はフライをねらったポイントに投げられて、はじめて運を期待できるのだと思う。

ストマックポンプで吸い出せないのは？

少し横道に逸れてしまったので、本題に戻そう。釣り人が少ない場合、大ヤマメは水面を見ている状態であれば、大きめのエサを捕食する。フライのサイズはかなり大きくてもよく、小さいフライを使っていると、流れのなかから大ものは出にくい。フラットでの連続ライズでは異なるが、自分の経験では大ものほど大きいフライに反応することは確実だ。

そのタイミングをいかにつかめるかが大事で、もちろんいつの時期でもデカフライというわけではない。アブの大量発生時期の皆が嫌うタイミングこそ、釣り人のプレッシャーが少なくなり、デカフライの出番が来るのである。

そして時合の到来するきっかけに、何かの虫の流下が不可欠である。虫の種類はあまり問題にならず、その時間に川に流下することが大切なのだと思う。今回のイモムシは正午から午後にかけて流下したが、羽アリなどは種類によって流れる時期も時間も異なるし、天候にも左右される。それらの流下タイミングによい場所で釣りをしてさえいれば、デカフライに吸い寄せられるように出てくる大ヤマメに出会うチャンスが生まれる。

その際は流下物よりも大きなフライのほうが反応がよいのが普通で、流下物に形やサイズを近づけようとしすぎると、

32㎝のヤマメ。1回だけライズを見て、その時はフライに反応しなかった。だが昼過ぎにイモムシの流下があったのを確認して、引き返してねらって釣ることができた。9番の黒虫フライに食ってきた

何度も投げなければ反応しないことがある。流下物はおつまみのようなもので、本来はメインディッシュとなる大きいエサを食べたいのではないかと思う。

これは魚が育ち盛りの時期における本能でもあり、ストマックをチェックする際になかなか抜けてこないことが多いのは、エサが大きいことが原因だと思う。実際にお腹を触るとゴツゴツしていてビッシリ詰まっているのが分かっていても、触角くらいしか出てこないというのは、スポイトの口より大きい虫を食べていることが容易に推測できる。

つまり、真夏のアブの時期は大チャンス！　アブを嫌わない釣り人には、きっとよい出会いがあることだろう。

日本の
ドライフライ・フィッシング

ヤマメ・アマゴ、イワナがいたからこそ
日本のフライフィッシングは独自の発展を遂げた。
それはロングティペットの釣りに集約されると思う。

このような大渓流には、やはり大
ヤマメが潜んでいることが多い。
数は少ないが、根気よく探ってい
くことで尺ヤマメに出会える

メイド・イン・ジャパン

この半世紀ほどの間に、世界のドライフライ・フィッシングはどれほどの変化があっただろうか。伝わってくる限りの情報では、それほど革新的なことはなかったようだ。新しい釣り方やフライ、ロッドなども含めて、大きく動いていないようである。ただしこれは、僕が各国の情勢もよく分かっておらず、世間知らずなだけかもしれない。あくまでも個人的な考えとして、以降の話を進めたい。

トラウトをねらったドライフライの釣りで有名な国といったら、やはりアメリカが筆頭に挙がるだろう。ロッドをはじめ、釣りに関わるすべての部分の最先端の道具や理論が、僕がフライを始めた時にはすでに確立されていた。しかし、今ではどうだろう。ロッド、リール、ライン、リーダー、ティペット、フライフック、マテリアル、フロータントや小物類……。それらのなかでアメリカ製が絶対に必要だという道具は、ラインとマテリアルくらいのものではなかろうか。ほかに関してはすべて国内でデザインされたもので間に合っている……というか、なかには日本デザインのものでないと釣りのパフォーマンスが落ちるものも多い。ラインですら、日本デザインのものをアメリカで作ってもらっているくらいだ。日本に合った道具類を求める人は、決して少なくないと思う。

日本のドライフライは、独自の進化をしてきた。これはフィールドの特性と、ヤマメ、イワナの存在によるところが大きい。ことにヤマメという魚の魅力は、手にしたことのある方なら誰もが知っていると思う。あのコンパクトなボディーに集約されているスピード、パワー、美しさ、そしてワイルドな生命感……。きれいな魚は多いが、大きなヤマメのワイルドさというのは、ちょっとほかでは味わえないと個人的には思う。

だからこそ、釣った魚を写真に収める時にも、僕たちはこだわって撮影したくなる。その意識は、多くの方々についても同じだと思う。

きれいに魚を撮影しようと思えば、イブニングやモーニングはあまりよくない。そもそも漁協によっては禁漁時間になっているし、フラッシュ撮影になるため、ヤマメの美しさをとらえられない。そして暗いとシャッタースピードが落ちるため、口の動きで下アゴがブレてしまう。必然的に、太陽が空に見えている時間帯で撮影するのがベストになる。

また掛かりどころが悪かったり、扱いを雑にすると、魚はすぐに酸欠に陥る。瞳孔が開き、黒目が中心付近に来てしまい、生命感を失う。そのようになったヤマメが生き延びるのは難しく、特に大ヤマメには気を配らなければならないが、その扱いに慣れるほど釣れてくれないのも実状である。

このようにきれいに魚を撮影したい釣り人の事情もあり、日中にドライフライで釣ることの価値は高まっていると思う。それこそが日本のドライフライ・フィッシングにおいて、目指すべき1つの頂点であると確信している。

本質はシンプル

　ドライフライに反応する大ヤマメの行動は、実に野生的である。釣りが理にかなっていないと、フライを食ってくれないのが普通だ。ビギナーズラックはあるが、それもある程度は釣りが道理にかなったうえで起きる現象だと考えている。大きいヤマメにねらいを絞って、いかにしてドライフライを食わせるか。僕にとってはそれが最大のテーマであり、たくさんの魚を釣りたいわけではない。そのためには大ヤマメが、実際に釣りをしているタイミングでどんなフライに反応するのかが最大の焦点になる。

　だが、実は問題はその過程にあるといえる。もちろん釣り人はアスリートではないので、あまりストイックに考える必要はないし、楽しめればよいと思う。しかしやはり、少しでも大きな魚を釣りたいのが人情である。

　尺ヤマメをコンスタントにドライで釣れる人、年に数尾釣る人、数年に1尾釣る人、釣ったことのない人……。それぞれの間には大きな差があることは、理解しなければならない。その差があるからこそ、日本でドライフライ・フィッシングは進化し続けてきた。

　フィールドは日本全国で千変万化、あらゆる流れで大ヤマメ、大アマゴの話は絶えない。

「ここのヤマメは、このフライでしか釣れない」

「ヤマメとアマゴは違う」

　各河川の魚の違いについて、話が盛り上がることがある。だが本質的な部分では、それほど大きな違いはない。僕の見るところ、ヤマメ、アマゴの性格は、どこでもほぼ同じだ。生息している環境に応じて、それぞれ特徴が違うだけである。これはヤマメとアマゴが混生している河川で釣りをしている方なら、感じていることかもしれない。

　それでは、ヤマメ・アマゴ類の性格の本質とは何なのだろう？　釣り人の視点から結論をいえば、大ヤマメ・大アマゴが「その時食べたいと思っている虫に近いフライ」を「適切な時間（距離）」見せてあげればよい。そうすれば尺上は、簡単にフライを食いにきてくれる。

　改めて書くまでもないような簡単なこ

尺ヤマメの尾ビレは発達している。上下に入るオレンジのラインは、東北の明るい渓でよく見られる特徴

9番の黒虫フライを食った32・5㎝のオス。9月上旬だったが、すでにうっすらと婚姻色が入り始めている。美しさとすごみを備えたボディーであった

とだが、その両立は難しい。実際は、どちらか一方の正解さえも、なかなかたどり着けないものなのだ。だからこそ釣果に差ができるし、技能だけでなく運も試されているような気分になる。

ロングティペット・リーダーの恩恵

この連載では、どのようにしたら「釣れる」と「釣れない」の差を埋めることができるか、解説してきたつもりだ。だが、実際の釣り場で何が正解かを言い切るのは難しい。

ねらうターゲットは、似たような性格である尺上ヤマメ・アマゴだが、フィールドは東西南北で異なる。出ている虫は違うし、魚がエサを食べる時間も違う。時期によって、あるいは年によっても状況は変わる。それらの問題に振り回されることなく、決定的に自分の釣りにおける「芯」を作る必要があるわけだ。そのことは、多くの人がなんとなく感じてい

ると思う。

その1つがドリフトのテクニックであり、それを可能にするキャスティング技術であり、さらにそのためのシステムや道具立てである。それらすべてにおいて、状況に左右されることのない次元まで到達したい。それが釣り人として1つの目標だと思うし、必要な能力になる。

そこに特化して取り組んできたのが、日本のドライフライ・フィッシングであり、そのためこのような進化を遂げた。ただこの分野は、今後の伸びしろも残っている気がしてならない。

この釣りがもたらした大きな成果が、スローアクションのしなやかなロッドを使ってのロングティペット・リーダーのシステムだ。これはさまざまなシチュエーションでドラッグフリーを実現し、可能な限り魚がフライを食う時間を与えてくれる。

日本のドライフライ・フィッシングにおいて、ドラマはたいてい15m以内の距離で起こる。それ以上でも魚が出ないことはないが、フッキング率は大きく下がることになる。そのような条件下で、ロングティペットのスラックを利用することに全力で取り組んできた釣りは、僕の知る限り海外にはない。難しい相手が身近にいて、それと対戦していることが、技術の進化につながったわけだ。

海外の釣りを経験していることが、フライフィッシャーのステイタスと思うような時代もかつてはあった。だがバブルもはじけた現在の経済状況では、気軽に海外に釣り旅というわけにはいかない。それがまたよかったのだろう。上手な釣り人がヤマメやイワナに本気で向き合った結果、このシステムが生まれたのだと思う。

ロングティペット・リーダーのシステムが紹介されたのは、20年以上前のことだと思う。僕のようにお金がなく、英語ができなくても、尺ヤマメを釣ることができればメディアに出られるのではないか。そんな風に夢を持ったことを憶えている。

ライズの位置とは?

釣りというのは運ではなく、確率論だと思う。仮に、1日に1回の尺ヤマメチャンスがあったとしよう。釣れるのは3分の1程度で、これは上手でも下手でも、フライに出てくるところまでをいってしまえば大差はない。それなら5回くらいは尺ヤマメが出る場所をしっかり把握して、しかるべきフライで挑めば、1、2尾は釣れるはずである。

このように石橋を叩いて渡るような釣りは、毎日できるはずもない。シーズン初期では状況を把握しかねるし、中盤以降でもほかの釣り人に影響される。あちらこちらの川に通い、そのなかから最高の川を選び、区間を設定してねらいを定める必要がある。

僕がメディアに出始めたころは、そのように準備をして取材に臨んでいたので、なんとか外すことなく釣ることができた。今となってはなかなか思うような下見に

右／尺が付くプール。アプローチは左岸から立ち込むしかなく、流れ込みまでの距離は25mくらいになる。この時は少し距離が足りないキャストになり、大ものをバラした

左／9月に入っても、このように婚姻色の入らない個体もいる。白銀にうっすらピンクの入った魚体が美しい。このようなヤマメを見ると、大げさにいうと神の使いかと思える時がある

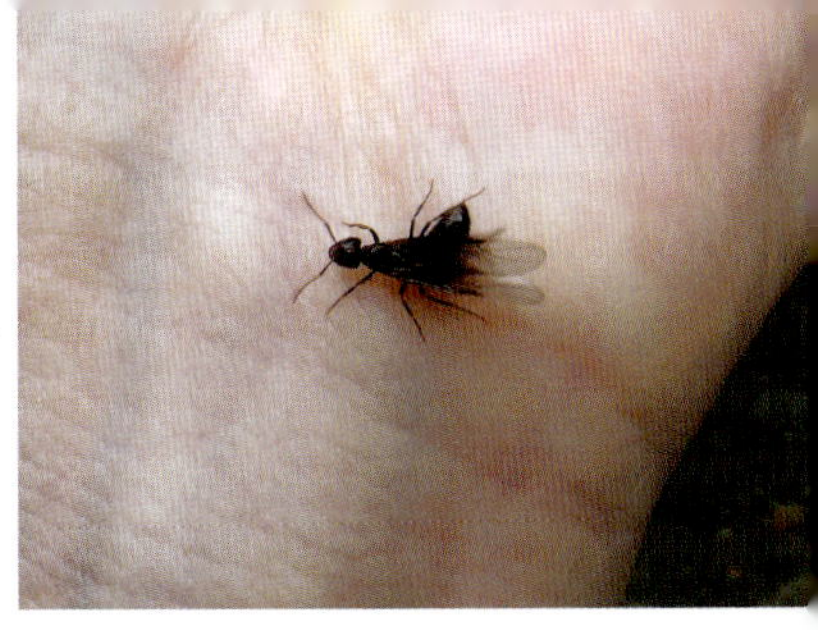

夏から秋にかけてメインのエサになるアント。甲虫類も含め、黒っぽいボディーにボリュームのあるシルエットによって、大ものは反応しやすいと感じる

行けず、地元以外での取材も多くなった。釣ることは難しいが、それはそれで新鮮で、楽しくもある。

少し話が逸れたが、基本的にねらったポイントに、その時に釣れるフライを投じて、一定距離流れれば食ってくるのが野生の魚である。これがねらったところに落ちて数センチで出ることもあれば、5m以上流さないと出ないこともある。ここが難しい部分で、ライズしている魚でさえ、フライを見つけてからどれくらいの時間で食いにきているかは、川や時期によって大きく変わる。ライズがない場合は、さらに予測から外れることは珍しくない。つまり、フライを長く流せるに越したことはない。

フライを長く流すという必要性から生じてくるのが、ロングティペットである。実際のところ、長いティペットはトラブルを起こしやすいし、わずらわしいことこのうえない。それでも使うことにメリットを感じたら、トラブルを回避する技術を身につけて使えばよい。そして使っ

てみると、次のハードルも見えてくるだろう。

ライズがあった場合、これはあくまでも魚がエサを捕食した場所だ。エサを発見した場所ではない。フラットな水面で続けて静かにライズする場合は、水面直下に定位していることが多く、流す距離はそれほど長くなくてもよい。しかし単発で、ある程度大きく水紋が広がるようなライズでは、底付近から浮き上がってきて捕食している可能性も考慮しなくてはならない。本流の流心での散発ライズは、ほぼこのパターンになる。

魚はおそらく、最初は視界の前方でエサを見つける。それが流れていくのを追いつつ、浮上して捕食するわけだ。したがって、フライはライズのあった位置よりも上流に落とす必要がある。このエサを発見する位置、魚が定位している位置、捕食する位置が作る三角形は、魚が深く沈んでいるほど大きくなる。

これまでいろいろな川で観察してきたが、大ものが底からライズするパターンは同じである。魚は自分の真上から数メートル上流を基点として、底のほうから水面を観察している。食べたい虫が真上に差し掛かるころに、若干流されながら浮上してくる。定位している位置からは少し下流で捕食して、水底の定位値に戻っていく。これを繰り返しているため連続ライズにはならず、次のライズにはある程度の時間を要することになる。

少しでも長く流せれば

水面スレスレで定位しているヤマメでも、距離は違うが同じような行動をとる。エサまでの距離が近いため連続ライズになり、静かなライズフォームになることが多い。このような場合でさえ1～2mドリフトできたほうがよいのだから、本流の流心をねらう釣りなら5～10mのドリフトは目指さなくてはいけない。

そのためには、必然的にティペットを長くせざるを得ない。本流で散発ライズがあり、食べている虫が分かっているのに釣れないという状況は、意外にキャスティングの上手な人が陥りやすい。ライズの少し上流から正確にレーンに入れるのに出ないわけだから、原因が分からないのである。たとえばそこで初心者が適当に、かなり上流にフライを投げたとしよう。グチャグチャに落ちたティペットによってロングドリフトができて、ドラッグがかかる寸前でフライがいい位置に来たら、魚は出るかもしれない。しかも、ピックアップのタイミング近い状態なら、自動的にフッキングが成立する。まさにビギナーズラックの一例である。これが偶然釣れた場合でも、得るものは大きい。

釣れた実績には、正解に近い要素が盛り込まれていて、そこから有益な情報を得ることができる。しかし釣れなかったケースからは妄想ばかりが膨らみ、頭を悩ませる要因になってしまう。コンスタントに釣る人にとっては、釣れないこともステップアップの起爆剤になる。だが、それほど経験がないうちは、モヤモヤが膨らむのみだ。

31.5cm の、まだ婚姻色の入っていない美しいオス。すぐ下流で大ものをバラしていたので集中力が途切れかけていたが、９番の黒虫フライを飲み込みそうなほど深くくわえてくれて、釣ることができた。口から大きなフライの端だけが出ているのが分かるだろうか

これを解決するには、やはりロングティペットを使いこなすことに集中するのが近道だろう。まずはサイズにこだわらず、数を釣ることを意識したほうがよい。魚影の多い上流域やC&R区間、管理釣り場などを利用するのもおすすめだ。

しかし一番よいのは、自然の旬をとらえること。雪代明けやスーパーハッチなど、自然が作ってくれる旬には人工的なものは到底かなわない。その時期に合わせて釣りができるように、自然と向き合うのが大事だと思う。

日本で発展した
ドライフライのシステム

フライフィッシングに限らずいえることだが、
釣りは、道具選びからすでに始まっている。
それは楽しみでもあり、また1つの技術でもある。

オスの尺上ヤマメは、完成された美しさで、サーモンのような雰囲気である。同サイズなら、オスのほうがうれしく思えてしまう

釣り道具を選ぶ

　ドライフライ・フィッシングで尺ヤマメをねらう場合、釣り人の精神的な部分や技術的なことは、各自の能力による問題なので簡単には解決しにくい。だが、いろいろなファクターのなかでも簡単に解決できるのが道具、あるいはシステムだといえる。

　道具は、お金があれば誰でも手に入れることはできる。釣果をあげるための近道が、道具をそろえる行為である。僕は小学2年生の時に釣りに興味を持ち、どうしても釣りザオが欲しくなって、親の財布から２０００円くすねてしまった。買ったのは１３００円の竹ザオとテグス、ハリ、ウキ、オモリだった。小学生のことゆえ、簡単に親にバレてしかられた。「釣りがしたいならそういえば、買ってあげるから、盗むようなことは絶対にしてはいけない」。そんなことを言われて、説教されたように記憶している。その言葉を逆に利用して、最後はフライフィッシングの道具までそろえてもらったのだから、我がことながら子どもというのはズル賢いものである。

　それはともかく、釣り具はいくらお金で買えるとはいえ、際限なくそろえられるものではない。つまり選ぶ能力が必要になる。自分がどのような釣りを望んでいるのか、どのような魚を釣りたいのか、フィールドはどれくらいの規模・範囲なのか……。考えるべきことは多い。簡単に選べるものでもないのだ。

　道具を選び出すことも、釣るための技術の1つといえるくらい奥が深い。その選び出す術を身につけるために、考えを整理しなくてはいけない。まずは尺ヤマメを目標の最終点として、道具立てを考えてみることにしよう。

まずはフライから考える

　尺ヤマメをドライフライで釣るのが、僕にとっての到達点である。とりあえずは、ドライフライがなくてはならない。それもヤマメが食いに来てくれて、釣り人からも見やすいものでないと、釣るのは難しくなってしまう。

　ドライフライだから沈んでしまっては困るし、そのため重くて太いハリは使えない。そして、それを完全に浮かせてくれるフロータントも重要になる。本来は、これを先に考えないと最終的に本末転倒になるので要注意である。

　ヤマメ用のフックはＴＭＣなどから出ている。最低限の条件としては、ヤマメ用ならワイドゲイプだということ。またバーブレスはほかの魚種はともかく、ヤマメねらいの場合は外れる原因になりやすい。確実に釣りたい人にはおすすめできない。これはヤマメのファイトスタイルがハリを外しやすく、つまり魚自身にとっては非常に優れているためだ。小さなバーブでも、助けられた経験は多い。以前、バーブレスでとおしたシーズンもあったが、ヤマメ釣りをやめたくなるくらい外れまくった。取材の際など、それ

夏から秋にかけて、黒虫フライが大ものに抜群の効果を発揮するタイミングがある。空気抵抗があって投げにくいので、ハックルを押さえ込んでポストを低めにしている

スパイダーパラシュートもポストは低い。こちらはあまり回転しないので、使いやすい。深い場所にいる大ものに効果的だと感じる

では困ることもあって、それからは個人的には使用していない。

フロータントはドライシェイクスプレーという画期的な道具により、ほぼ解決してしまった。シチュエーションごとの備品としての多種のフロータントも便利だが、どれか1つだけ持ってよいといわれれば、間違いなくドライシェイクスプレーになる。類似品で代用できないくらいの完成度だと思う。

そして……肝心の釣れるフライは何なのかは、とても難しい問題だ。それについて書くにはあまりにスペースが足りないので、とりあえず次に進んでみよう。

ティペット部分が長いリーダーシステム

魚を釣るにはねらったところにフライを落とさなければいけないが、そのうえでドリフトできなければ魚は警戒して食ってこない。つまり、ねらったところに落とせればよいというわけではなく、魚が食べてくれるところまで自然に流れていてくれる必要がある。

そのために大切なのが、しっかりと伝達力を保ちつつ、ティペット部分が長いリーダーシステムなのである。単純に長いリーダーが必要なわけではなく、長いティペットが必要なわけだから、その点についてはよく考えてほしい。14〜15フィートのリーダーが、ドライフライ用の長めのリーダーとして各社から販売されている。だがリーダーのテーパー部分の長さは、ドリフトのためにはあまり必要ない。

僕がデザインしたティムコのLDLリーダーは、手前味噌だがやはり理想的なものだと思う。このリーダーは自分の釣り方における核心部分である。これを使いこなすことで釣果は上がり、最終的には尺ヤマメを釣ることにつながると思う。

リーダーの形状は細身のバット部分から急テーパーになり、この部分からある程度ティペットと同じように機能する。そこから4フィートほどの緩やかなテー

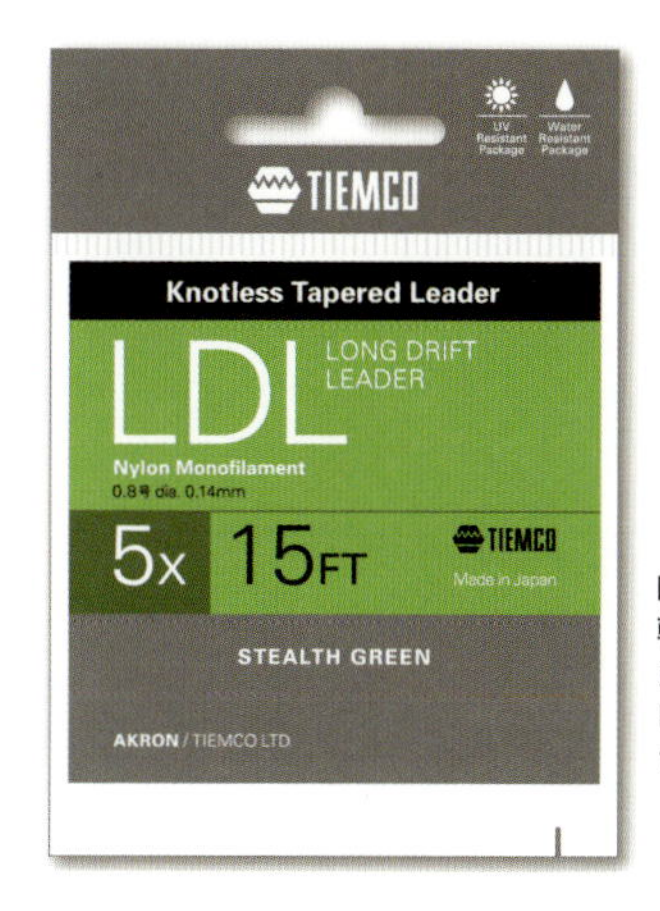

LDLリーダーは、僕自身の釣りの軸に据えるものとしてデザインした。約半分がティペットで、コントロール性能とドラッグ回避能力のバランスがちょうどよい

1つだけフロータントを持っていいといわれたら、僕はドライシェイクスプレーを選ぶ。ずっと使い続けているが、即効性と使いやすさは抜群だと思う

パー部分は、ほぼティペットといえる。そして4フィートの（リーダー内の）ティペット部分につながる。

要するに結びしろを合わせると16フィート近くあるLDL15フォートのうち、その半分ほどはティペット部分になっているわけだ。そこに一段階以上細い本来のティペットを6フィート以上結んで、その先にフライを付けるわけだから、実質的にはティペットの役割を果たす部分は14フィート以上になる。

まあ5m以上の細いテグスがフライに付くわけだから、そのたるみだけでもドリフト距離の想像はできると思う。これが段階的に細くなっていることにより、キャスティング時の力もある程度伝達してくれる。

このリーダーはギリギリのバランスでできていて、どこをどう動かしても不具合が生じると思う。結び目を増やすとトラブルのもとになるうえに、空気抵抗により伝達力も失う。フライ交換などによる消耗を考えると、先端にティペットを足すために1ヵ所結び目ができることは避けられない。だが2ヵ所結束部分を作れば、倍以上のトラブルが生じるのだ。結び目は最低限でなければならない。

このリーダーの問題点は、しっかりとした面を作るキャストができないと、使いこなせないことである。ねじれたループだと長いティペット部分が悪影響を及ぼし、コントロールを完全に失うのだ。キャスティングの技術不足を補うべく、さまざまなリーダーが開発されてきたが、これは本当の解決にはならない。バットを太く、テーパーを緩くして、リーダー自体のティペット部分を詰めれば、同じ長さのティペットを足して20フィート以上のシステムにしてもコントロールできるのは確かである。しかしそれではロングドリフトの能力が失われていて、上手くいっているような気分になるだけだ。結局は釣れることにはつながらない。

扱いの難しさと釣れやすさは表裏一体。キャスティング能力を磨き、リーダーのバット部分に頼らず、より長く自然なド

サイエンティフィックアングラーズのテクスチャアドLDL。テーパーは自分がデザインしているが、日本のドライフライ・フィッシングに適していると思う。メンテナンスフリーで使い勝手がよい

2016年4月5日、川辺川遠征で釣った砲弾のようなヤマメ。今年の川辺川はコンディションがよく、平均サイズは大きいようだ。今回の釣行については、また後日お伝えしたい

リフトを目指すのがロングティペット・システムなのだ。

　商売とは関係なく、僕はまずＬＤＬリーダー（13フィートでも15フィートでもよい）に1ヒロのティペットを足して釣りをしてみることをおすすめしたい。日本で発展したドライフライ・フィッシングの根本を感じられると思うし、より多くのチャンスを与えてくれるシステムだと確信している。

扱いやすいライン

　さてリーダーは、とりあえずＬＤＬで決めて考えていこう。それを上手に操るためには伝達力と張りのあるラインが必要になる。だが同じ#3だとしても、浮力を重視して作ると直径が太くなってしまう。これが実は、あまりよくない。太いラインは空気抵抗が大きいばかりではなく、水に接する面積も増えて、メンディングを難しくする。

　理想は先が細身で全体の質量があまり変わらない、つまり先端が急テーパーのラインである。メンディングは本来、ラインが水になじんでからするのでは遅い。その前に行なうため、多少浮力を犠牲にしても、水離れのよさを優先することになる。

　そしてラインの先端は、結びしろも少し長めであってほしい。そのとおりに作ってもらったのがＬＤＬラインである。これも数年前から使用しているが、いまだにこれを上回るアイデアは思いつかない。マテリアルの進化によりテクスチャードという処理を施したラインに変わったが、メンテナンスフリーで水離れがよく、ガイドとの摩擦も軽減される。おかげでさらに釣りの効率が増した。もちろんこれは僕には思いつけなかったアイデアで、開発をした人には頭が下がる。

　ラインとリーダーの結束も重要で、抵抗は少ないに越したことはない。ループ・トゥ・ループで結ぶなどはもってのほかであり、僕はスプライスでの結束を推奨したい。

グラスロッドは調子を上手くデザインすると、竹ザオと同じようにしっかりとした船形ループを生み出せる

バンブーの利点

これでフライからラインまでは決まったわけだが、やはり釣りはサオがあってナンボである。趣味嗜好が分かれやすいのもサオだが、これまで説明してきたシステムを繰ることができるものでないと、意味がなくなってしまう。

LL（ロングリーダー、ロングティペット）システムを繰ることができるアクションのサオは、ある程度限定されてくる。このシステムはキャスティングの際に、リーダーとティペットがたるむことを許してくれない。というのも、たるんだ瞬間に力が伝達しなくなるため、コントロールを失ってしまう。したがって、キャスティングでは引っ張り続けることを余儀なくされる。

そのためには、バットから曲がるスローアクションのロッドが必要。反発力が強く、曲がったロッドの戻りが早すぎると、扱いが難しくなる。

そこで注目されるのが、天然素材の竹。強すぎず弱すぎず、早すぎず遅すぎない絶妙な反発力と、重さを兼ね備えたもの……。その理想の素材を使ったのが、バンブーロッドである。

エサ釣りの世界でも竹ザオが珍重される小もの釣りなどがあるが、キャスティングなど実用的な部分が評価されるフライフィッシングのバンブーロッドは、やはり優れたものだと思う。しかもドライフライに用いる#3〜4のスペックで最高のパフォーマンスを出してくれるのだから、使わない手はない。自然に深く関わることを目指すフライフィッシャーには、もってこいの道具である。

高い技術によって生み出された新素材を凌駕（りょうが）し、今も天然素材が重要な位置を占めるフライフィッシングは、特殊な世界なのかもしれない。サオに軽さや高い反発力、長さなどを求めてきたほかの釣りと比較して、かなり異色だと思う。

このようにフライフィッシングにおいて、とてもぐあいのよいバンブーロッドだが、竹であればなんでもよいということではない。前述のシステムを繰ることを前提としたキャストであり、それを理解したうえでデザインしないと、優れたロッドを作ることはできない。そうなると作るのが難しくなり、気軽に手に入るものではなくなってしまう。

そこで考えたのが、反発力が近いグラス素材である。これはバンブーロッドにかなり近いところまでアクションを近づけることができ、量産しやすい点でも充分に期待できる素材だ。しかし細かな調整は必要で、僕が開発に関わったグラスマスターでは完全な国産にしてしまったため、高価になってしまった。

一方でカーボンは、やはり軽くて強くなりすぎているため、理想のアクションにするのは難しい。だが少し前の重いブランクを使い、新しいロッドを製作することを模索している。これによりさらに多くの人に、ＬＤＬによるＬＬシステムの効果を実感していただけるのではないかと思っている。

釣りはランディングで完結

リールは単なるイト巻き器のようなものので、機能は単純なものだ。……と書くとなんでもよい気がしてしまうが、これもバランスやトラブルの少なさを追求するとややこしいものである。ラージアーバーなどはデカすぎて、ヤマメと並べて写真を撮るとバランスが悪いので最初から付ける気がしない。また硬すぎるクリック（ドラッグ）だと、細いティペットがラインに噛んでしまうのでよくない。隙間の多いものや面に穴があるものなども、砂地での扱いが適切でないとトラブルの原因となる。

それらを解決しようとすると、必然的にメイドイン・ジャパンのものが必要になってくる。少し重めのロッドには、バランスを取るために同じく重めのリールが必要。リールを取り付け、グリップの上辺から10㎝くらいの範囲で支えて吊り合いが取れるのが理想だ。軽いからよいということはなく、これもほかの釣りとは異なる部分かもしれない。またパーツの隙間はできるだけ少なく、砂の進入を妨げてくれるのがよい。

最後に、尺ヤマメ釣りはランディングしないと完結できない。したがって、ランディングネットも重要である。大きすぎても使用上の問題はないが、見た目や機動性に劣る。やはりバランスが重要なのだ。

枠の形はラウンドに近いほうがすくいやすい。だが背中に下げるのには、多少不都合が生じる。理想形はラウンドに近いティアドロップタイプで、背中からの下げ方により、柄の長さを変えるとよい。

枠の先端にネットリリーサーを付ける場合は、下の柄の部分を最初に握ってすぐに引っ張ることになるため、柄は少し長めのほうが使いやすい。逆に柄のエンドにリリーサーを付ける場合は、いったん枠をつかんで引っ張り出してから柄に持ち替えるため柄は短くてもよくなるし、背中にコンパクトに納まる。僕の場合は後者であり、短くてもよい。ぶらつきなども考えても、そのほうがよいように思う。

上／今回の川辺川遠征で、大塚さんが夕方のライズをねらってキャッチした33.5cm。筋骨隆々といいたくなる魚体

下／ランディングネットは、最後に危ないと思ったら一気に勝負をしかけるケースもある。そんな時のためにも、枠の大きなものがいい

ネットの素材は、手編みのほうが雰囲気も写真もよいのでそうしたくなる。だが、実際はメッシュタイプのほうが断然ぐあいがよい。手編みはコブにハリが刺さると面倒だし、ヤマメのヒレは簡単に割けてしまう。使用上の利点はあまりないのだ。さらにメッシュだと、虫が流下している際に採集ネットにも使える。

大きさは、枠の内径は最低でも26㎝くらいはないと尺上をねらうには小さすぎる。できれば28㎝くらいにして、ネットの幅も広く取ってあげれば、40㎝クラスのヤマメでも問題なくすくえる。

また銘木を使うと格好がよいが、複雑な木目は弱い部分もある。実用を考えると、枠材にはあまり適さないのだ。ただし作る側としては、それらを考慮しつつギリギリのデザインをしたくなるもの。強度と形、実用と美しさのバランスが取れているのがよいのだろう。個人のセンスが問われるかもしれないが、選ぶ楽しみが深いのも、ランディングネットの魅力的な部分である。

初出：『FlyFisher』2014年1月号～2016年6月号
連載「The Reason 成功と失敗の分岐点」

渋谷直人（しぶや　なおと）

1971年8月11日生まれ。秋田県湯沢市川連町在住。川連漆器伝統工芸士にして、「漆塗竹竿 Kawatsura Rod」ロッドビルダー。地元出身の漫画家・矢口高雄の作品『釣りキチ三平』の影響もあり、中学のはじめから本格的にフライフィッシングにのめり込む。2000年頃からバンブーロッドの魅力に取り付かれ、自作まで一気に進んだ。
現在はロッドビルディングと並行して、ロッド、ライン、リーダー等ロングティペットの釣りを意識したFF製品と、ウエア類の開発にも携わる。ライトタックルの竹ザオで、ドライフライの釣りの可能性をとことん追求していくことを目標としている。
著書『尺ヤマメの戦術』（つり人社）ほか、DVDでは『ベーシック　オブ　ロングティペット・リーダー』、『Chasing Rainbows One on Stream 6』、『ライズハンティング後編 One on Stream 5』、『ライズハンティング前編 One on Stream 4』、『Long Drift One on Stream 3』、『One on Stream 2「本流」イワナの戦術』、『One on Stream 渓流ロングティペット・リーダー入門』（つり人社）など多数の出演作がある。

秋田川連 漆塗竹竿 Kawatsura Rod
URL ＝http://www.kawatsura.com/

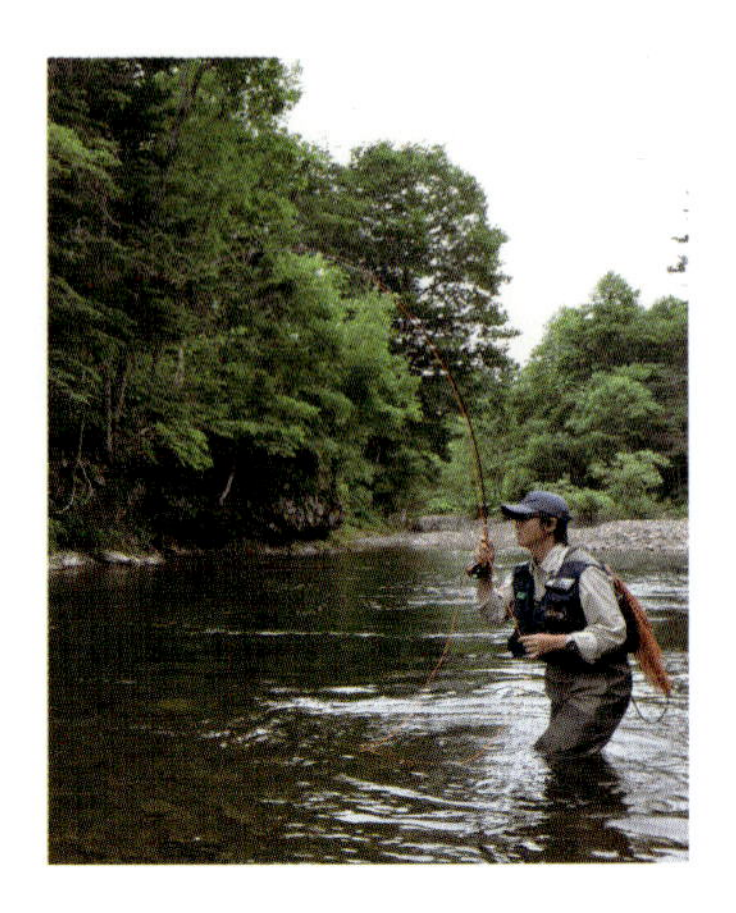

尺上の森羅万象を解く

2016年6月1日発行

著　者　渋谷直人
発行者　山根和明
発行所　株式会社つり人社

〒101－8408　東京都千代田区神田神保町1－30－13
TEL 03－3294－0781（営業部）
TEL 03－3294－0766（編集部）
印刷・製本　図書印刷株式会社

乱丁、落丁などありましたらお取り替えいたします。

ISBN：978-4-86447-090-2　C2075
つり人社ホームページ　http://tsuribito.co.jp/